¿«Desmasculinizar» la Iglesia?

Debate crítico sobre los «principios» de H. U. von Balthasar

Prefacio del Papa Francisco

Lucia Vantini
Luca Castiglioni
Linda Pocher

¿«Desmasculinizar» la Iglesia?

Debate crítico sobre los «principios»
de H. U. von Balthasar

Prefacio del Papa Francisco

Paulinas

Las citas bíblicas están tomadas de *La Santa Biblia*,
San Pablo, Madrid 1988[19].

Los textos del magisterio de la Iglesia y los documentos pontificios están
tomados de la edición online de © Librería Editrice Vaticana – Dicasterio
para la Comunicación, Ciudad del Vaticano.

Título original: *«Smaschilizzare la Chiesa»? Confronto critico sui «principi»
di H.U. von Balthasar*

Traducido por: María Jesús García González

Imagen de cubierta: Aurelius Wendelken (unsplash.com)

© PAULINAS 2024
  Carril del Conde, 62 - 28043 Madrid
  Tel.: 91 721 89 84 - Fax: 91 759 02 04
  E-mail: editorial@paulinas.es
  www.paulinas.es

PAOLINE Editoriale Libri
© FIGLIE DI SAN PAOLO, 2024

ISBN: 978-84-19408-33-4
Depósito Legal: M-9840-2024

Impreso por Gar.Vi. 28970 Humanes (Madrid)
Printed in Spain. Impreso en España

Prefacio

Papa Francisco

La presencia y la contribución de las mujeres a la vida y al crecimiento de las comunidades eclesiales a través de la oración, la reflexión y la acción son realidades que enriquecen cada vez más a la Iglesia y constituyen su identidad. Pero nos hemos percatado, especialmente durante la preparación y la celebración del Sínodo, de que no hemos escuchado lo suficiente las voces de las mujeres en la Iglesia, y que la Iglesia tiene todavía mucho que aprender de ellas. Es necesario escucharse mutuamente para «desmasculinizar» la Iglesia, porque la Iglesia es comunión de hombres y mujeres que comparten la misma fe y la misma dignidad bautismal.

Si los hombres nos ponemos de verdad a la escucha de las mujeres, nos ponemos a la escucha de alguien que ve la realidad desde una perspectiva diferente, y así procuramos replantearnos nuestros proyectos y nuestras prioridades. A veces estamos desorientados. A veces, lo que escuchamos es tan novedoso, tan diferente de nuestra manera de pensar y de ver, que nos parece absurdo y nos sentimos intimidados. Pero esta desorientación es sana, nos hace crecer. Se requiere paciencia, respeto mutuo, escucha y apertura para aprender de verdad los unos de los otros y para avanzar como un único Pueblo de Dios, muy diverso, pero que camina unido.

Precisamente por eso le pedí a una mujer, a una teóloga, que ofreciera al Consejo de Cardenales un itinerario de reflexión sobre la presencia y el papel de la mujer en la Iglesia. El punto de partida de este itinerario es la reflexión de Hans Urs von Balthasar sobre los principios mariano y petrino de la Iglesia, reflexión que ha inspirado al magisterio de los últimos pontificados en su esfuerzo por comprender y valorar la diferente presencia eclesial de hombres y mujeres. Pero el punto de llegada está en las manos de Dios. Supliquemos al Espíritu para que nos ilumine y nos ayude a comprender, a encontrar un lenguaje y un pensamiento eficaz para dirigirnos a las mujeres y hombres de hoy, en la Iglesia y en el mundo, para que pueda aumentar la sensibilidad de la reciprocidad y el ejercicio de la colaboración entre hombres y mujeres.

Me alegra que, por medio de esta publicación, las reflexiones que Lucia Vantini, Luca Castiglioni y Linda Pocher han ofrecido al Consejo cardenalicio estén a disposición de cuantos deseen participar en el diálogo sinodal y profundizar en el tema de las relaciones eclesiales entre hombres y mujeres, que tanto me interesa. Se trata de reflexiones que tienden a abrir más que a cerrar; que nos desafían a pensar, nos invitan a buscar, nos ayudan a orar.

Precisamente esto es lo que deseo en este momento del proceso sinodal: que no nos cansemos de caminar juntos, porque solo cuando caminamos juntos somos lo que debemos ser: el cuerpo vivo del Resucitado en movimiento, en salida, junto a los hermanos y hermanas, sin miedo, por los caminos del mundo.

¡María, madre de la fe, nos acompañe en este camino!

Ciudad del Vaticano, 8 de diciembre de 2023

Introducción

Linda Pocher FMA

El 4 de diciembre de 2023, junto a Lucia Vantini y Luca Castiglioni, tuve el honor y la responsabilidad de ofrecer al Papa y a su Consejo cardenalicio una reflexión sobre la presencia y el papel de las mujeres en la Iglesia.

Se nos pidió que abordáramos un tema difícil y que debe ser abordado haciendo honor a la complejidad, es decir, sin caer en simplificaciones banales. Porque las mujeres no son una «clase social» ni un «grupo político», no piensan todas del mismo modo y no tienen todas la misma experiencia ni los mismos deseos. El Consejo cardenalicio, por su parte, representa de manera ejemplar la riqueza de la Iglesia y las diferencias que hay presentes en ella, tanto desde el punto de vista de la procedencia geográfica como desde la sensibilidad y la manera de pensar.

Estas diferencias —unidas a la gran disponibilidad de la escucha y a un debate respetuoso y honesto— han hecho que el diálogo del 4 de diciembre haya sido muy valioso e instructivo. De ahí que nos alegre tanto poner a disposición de todos el texto de la contribución que ofrecimos en dicha ocasión.

La invitación del papa Francisco pedía explícitamente profundizar en la reflexión de Hans Urs von Balthasar sobre el «principio mariano» de la Iglesia, asunto que también ha ocupado al magisterio en el último cuarto del siglo XX y en estas primeras décadas del siglo XXI.

El aporte que ofreció Balthasar para el desarrollo de la comprensión de la revelación y de la fe en el siglo XX pertenece, en realidad, a la historia del pensamiento teológico católico. Sus ideas han llevado agua fresca al gran río de la tradición de la Iglesia, aunque no faltan elementos cuestionables y algunas ambigüedades.

El magisterio —como ha ocurrido ya con algunos grandes autores (Agustín y Tomás de Aquino, por ejemplo)— ha recurrido al pensamiento de Balthasar para alimentar e iluminar la fe de los creyentes, pero nunca ha «canonizado» una particular doctrina teológica. Reconociendo siempre al magisterio en su papel de intérprete autorizado de la Escritura y de la Tradición, el pensamiento teológico, en constante crecimiento y evolución, está llamado a sostenerlo en esta laboriosa tarea.

Por eso también nosotros —firmes gracias a los aportes ofrecidos ya por muchas voces de teólogas y teólogos (a algunos de los cuales citamos en este libro)— hemos querido proponer para la escucha del Papa y de sus colaboradores una reflexión que no es meramente escolástica, sino que supone un debate crítico con el pensamiento de Balthasar. Este forma parte de la historia, como bien hemos reconocido, pero la historia continúa; el evidente *impasse* en el que se encuentra la Iglesia (también) respecto al modo de pensar y de regular la presencia y el papel de las mujeres en las comunidades eclesiales exige una valiente apertura al soplo del Espíritu.

La contribución de Lucia Vantini toma como punto de partida el sufrimiento y la frustración de muchas mujeres, teólogas y no teólogas, frente a una interpretación ideológica del pensamiento de Balthasar y a sus consecuencias en la vida pastoral y eclesial. A continuación, propone algunas cualidades espirituales necesarias para ir «más allá» de la jerarquización de las diferencias que durante siglos ha caracterizado la forma de la Iglesia, hacia una reciprocidad más madura y capaz de enriquecer tanto a las mujeres como a los hombres.

La contribución de Luca Castiglioni considera la articulación del principio mariano y del principio petrino a la luz de principio joánico, prestando una atención especial al punto de vista de los hombres, y más aún de los presbíteros. Se centra en el papel que los ministros ordenados pueden desempeñar para fomentar caminos de sinodalidad, en particular mediante el estilo de ejercicio de la autoridad (escuchando y valorando los carismas de otras personas) y de la relación con las mujeres (destacando la posibilidad de una amistad auténtica y paritaria). Como colofón, hace una provocadora sugerencia de conversión.

La última contribución, firmada por quien esto escribe, es una invitación a la contemplación de dos escenas bíblicas que tienen como protagonista a María, en busca de indicios sobre el modo en que se llevó a la práctica en las primeras comunidades cristianas el anuncio paulino que decía que «no hay judío ni griego, no hay esclavo ni libre, no hay hombre ni mujer, pues todos vosotros sois uno en Cristo Jesús» (*Gál 3,28*). Estoy convencida de que la alusión a María puede ser, como afirma también el documento final de la primera sesión del Sínodo, fuente de inspiración y llamamiento a la convergencia en el respeto de las diferencias para todos los creyentes. Pero a condición de que su figura no se presente de manera estereotipada, ni reducida a un símbolo o a un principio, sino restablecida en la complejidad de la experiencia histórica y teológica.

La tradición de origen apostólico, como afirma el concilio Vaticano II, «progresa en la Iglesia con la asistencia del Espíritu Santo: puesto que va creciendo en la comprensión de las cosas y de las palabras transmitidas, ya por la contemplación y el estudio de los creyentes, que las meditan en su corazón (*cf Lc 2,19.51*) y, ya por la percepción íntima que experimentan de las cosas espirituales, ya por el anuncio de aquellos que con la sucesión del episcopado recibieron el carisma cierto de la verdad» *(Dei Verbum 8)*.

El proceso sinodal, en el que la Iglesia participa desde hace algunos años, actualiza de manera particularmente viva este cambio de sensibilidad y competencia, reuniendo en la misma mesa a teólogos y teólogas, pastores, laicos y laicas, religiosos y religiosas, comprometidos pastoralmente a diferentes niveles, junto a personas que observan y acompañan de diferente manera la vida eclesial.

Los textos que componen este breve libro no son únicamente fruto del estudio, sino también de la oración y de la escucha atenta de la experiencia de hermanos y hermanas. Son textos que no nacen de la intención de decir la última palabra, sino del deseo de suscitar un diálogo y fomentar el debate: así los ofrecemos a quien quiera leerlos.

Al finalizar esta introducción no podrían faltar dos palabras de agradecimiento: la primera al Papa, que ha creado esta oportunidad de debate y ha apoyado nuestro deseo de prolongar sus delimitaciones por medio de su publicación; la segunda, a la editorial Paulinas, que ha puesto a nuestra disposición toda su competencia, su pasión y su profesionalidad.

Roma, 12 de diciembre de 2023

MÁS ALLÁ DEL PRINCIPIO, UNA CONSTELACIÓN DE LAS DIFERENCIAS

Lucia Vantini

Cuando recibí la invitación a acudir a Casa Santa Marta para participar en un encuentro con el papa Francisco y el Consejo cardenalicio sobre el «principio mariano-petrino», sentí, por un lado, sorpresa, y, por otro, resistencia. Manifesté inmediatamente mi perplejidad a mis primeros interlocutores —Linda Pocher y Luca Castiglioni—: ¿por qué llamar la atención y hacer énfasis sobre un concepto respecto al que ya hace mucho tiempo las mujeres reaccionaron con fuertes críticas a nivel bíblico, histórico y eclesiológico y que también desde el nivel experiencial ha acabado por complicar las relaciones entre sexos en la Iglesia? Por otra parte, ni siquiera Balthasar se habría reconocido en una formulación tan esquemática y reductora de su visión, que no se presta a un enfoque estrictamente ministerial. Lo cierto es que al teólogo suizo le interesaba reinterpretar los estilos eclesiales en su pluralidad y sinfonía, con una sensibilidad mística que disuade cualquier paradigma claro y distinto[1].

---

[1] Puede observarse el cambio de pensamiento y de experiencia con la mística y médica Adrienne von Speyr.

En cualquier caso, estoy convencida —y conmigo muchas mujeres e incluso hombres[2]— de que este principio no puede soportar la complejidad del presente y no podrá guiar a la Iglesia hacia el mañana, dado que pone en peligro una valiosa alianza entre nosotros, sobrecarga el entramado de vínculos de la justicia y corre el riesgo de funcionar como un frágil motivo para reafirmar la reserva masculina ante el ministerio ordenado o para agravar la exclusión de las mujeres de los procesos de toma de decisiones de la comunidad.

La cuestión del ministerio no figura actualmente en la agenda, pero está ya en el aire y se percibe su presión: como un fantasma que se mueve en nuestra habitación, perturba el razonamiento e impide la sinceridad entre nosotros. Aunque lo dejemos al margen, este tema, en cualquier caso, no habría que debatirlo con los principios, sino en la escucha de la realidad histórica —inevitablemente a través de las dinámicas de autoridad y de poder— y en escucha de las voces expertas de la eclesiología y de la historia de la ministerialidad, que hoy, sin duda, no faltan en la Iglesia[3].

---

[2] L. Castiglioni, *Figlie e figli di Dio. Uguaglianza battesimale e differenza sessuale*, Queriniana, Brescia 2023 (publicado en francés en 2020 en la casa editorial Cerf), con prefacio de Christoph Theobald.

[3] Pienso, por ejemplo, en Anna Carfora, Cettina Militello, Serena Noceti, Simona Segoloni, Cristina Simonelli, Adriana Valerio. Para sus publicaciones, podría remitirme de manera general a la página web de la Coordinación de Teólogas italianas (CTI, Coordinamento Teologhe Italiane [www.teologhe.org]), pero señalo algunos textos en particular: Cristina Simonelli - Matteo Ferrari (dirs.), *Una chiesa di donne e di uomini*, Camaldoli 2015, que puede descargarse íntegramente en el link bit.ly/3tcVg1T. Cf también Cristina Simonelli - Moira Scimmi (dirs.), *Donne diacono? La posta in gioco*, Messaggero,

1. Sufrimiento y frustración: efectos (no) deseados del principio mariano-petrino

Este es para mí un momento importante, y me doy cuenta del privilegio que supone, pero, sobre todo, de la responsabilidad que implica. Lo vivo como una ocasión inesperada para llevar la palabra y hacer que suenen aquí y ahora los *sufrimientos,* pero, sobre todo, las *frustraciones* que experimentamos las mujeres teólogas dedicadas a una investigación de género cuando encontramos el principio mariano-petrino.

Lo que cuenta, tanto en la vida como en la Iglesia, son las relaciones y los lugares de intercambio en los

---

Padua 2016 (traducido al español: *¿Mujeres diácono?,* San Pablo, Madrid 2019); Cristina Simonelli - Elizabeth E. Green, *Incontri. Memorie e prospettive della teologia femminista,* San Paolo, Cinisello Balsamo (Milán) 2019 (este volumen forma parte de la serie teológica *Exousia,* que el CTI italiano está publicando con San Pablo). Cf también Cristina Simonelli, *Eva, la prima donna. Storia e storie,* il Mulino, Bolonia 2021 (traducido al francés en 2022, por Éditions Salvator); Serena Noceti (dir.), *Diacone. Quale ministero per quale Chiesa?,* Queriniana, Brescia 2017; Id., *Comprendere le identità in relazione: diaconi e presbiteri,* en Serena Noceti - Roberto Repole - Simona Segoloni (dirs.), *Ruta Associazione Teologica Italiana, Il prete: il suo ministero, le sue relazioni,* Glossa, Milán 2023; Maria Soave Buscemi - Cristina Simonelli - Selene Zorzi, *Il credo delle donne,* (edición de Paolo Cugini), San Lorenzo, Reggio Emilia 2022; Adriana Valerio - Mercedes Navarro - Mary Ann Beavis, *La Biblia y las mujeres,* colección internacional de exégesis, cultura e historia, dirigida por Irmtraud Fischer, publicada en cuatro idiomas (en italiano en Il Pozzo di Giacobbe, Trapa; en español en Verbo Divino, Estella [Navarra]); Simona Segoloni Ruta, *Carne di donna. Raccontando Maria di Nàzaret,* IPL, Milán 2021; Id., *Gesù, maschile singolare,* EDB, Boloña 2020; Marinella Perroni (dir.), *Non contristate lo Spirito. Prospettive di genere e teologia: qualcosa è cambiato?,* Gabrielli Editori, San Pietro in Cariano (Verona) 2007.

que estos pueden ser auténticos, reales y honestos; de ahí mi deseo de crear un cambio entre nosotros con el fin de que, como hombres que desempeñan un papel ministerial ordenado, podáis acceder a ese mundo femenino que tan incómodo se encuentra con este principio de Balthasar, un mundo femenino tan exaltado como incomprendido, poco conocido, infravalorado, ridiculizado y demonizado[4].

Sufrimiento e *intolerancia* se hallan aquí juntos, como indicadores de un desequilibrio que en esta Iglesia clama con voces de mujer, revelando heridas y conflictos abiertos. Lo digo con confianza y sin vergüenza, recordando dos circunstancias en que el propio papa Francisco abrió el espacio para una narración libre.

1.1. Voces de mujeres, voces de la Iglesia

En 2019, cuando al final de un encuentro dedicado a la protección de los menores en la Iglesia Francisco dijo: «Invitar a una mujer a hablar sobre las heridas de la Iglesia es invitar a la Iglesia a hablar sobre sí misma

---

[4] Reflexionar con una hermenéutica de género significa prestar atención a cómo se nombra, se describe y se cuestiona la diferencia sexual para dar forma al mundo en el que vivimos todos juntos, mujeres y hombres. Porque la diferencia sexual no es únicamente algo que caracterice cada vida, sino también una poderosa fuente de símbolos, significados y prácticas que hemos de cuestionar y analizar siempre con una mirada crítica. Porque a veces con ciertas imágenes de diferencia se genera un mundo inhóspito y a menudo son las mujeres las que se percatan de ello y pagan el precio, aunque cuando se produce un desequilibrio a este nivel son todas las vidas las que sufren.

sobre las heridas que tiene»[5]. El espacio está abierto, pero hay que entrar en él a través de una experiencia encarnada en la verdad de uno mismo y a través de una teología consciente de los desequilibrios de género. Solo así es posible ir más allá del nivel de los lamentos y despojarse de todo victimismo que debilita la cuestión y hace implosionar el sentido. Nombrar las heridas se convierte, entonces, en un gesto de transformación y de transgresión del sufrimiento: el lamento consciente denuncia lo que no funciona y se atreve a un pensamiento diferente, una esperanza diferente, un sueño diferente. Los *sufrimientos* narrados, pues, no imploran nada, sino que ponen en marcha un horizonte nuevo en el que acoger el deseo de compartir, una crítica de la injusticia y la profecía fiel a un mundo de diferencias que la gracia ha alcanzado ya.

---

[5] Intervención del Santo Padre Francisco en el Encuentro «La protección de los menores en la Iglesia», 22 de febrero de 2019 (https://www.vatican.va/content/francesco/es/speeches/2019/february/documents/papa-francesco_20190222_incontro-protezioneminori.html). El papa pronunció estas palabras después de haber escuchado a la doctora Linda Ghisoni (https://www.vatican.va/resources/resources_lindaghisoni-protezioneminori_20190222_it.html) en el contexto concreto de un debate sobre los abusos que tuvo lugar a la sombra del campanario. El discurso del Papa contiene algunas alusiones problemáticas para la perspectiva que queremos abrir —estoy pensando, por ejemplo, en el imaginario tradicional del «genio femenino», en la metáfora de una Iglesia «mujer», «esposa» y «madre», o al feminismo como «machismo con falda»—, pero tiene el indudable valor de una disponibilidad real hacia nuestras voces.

1.2. El inicio de fecundos debates

La segunda circunstancia de apertura tiene que ver con dar voz a las *intolerancias*, entendidas aquí como energía para abrir un debate necesario y fecundo. Como leemos en *Evangelii gaudium* 227, el debate conflictual es, a su manera, una forma de invertir en las relaciones, un modo de apostar por la fuerza y el mantenimiento de nuestros vínculos. Cuando eliminamos o exageramos un conflicto, suele ser porque la otra persona no nos interesa realmente. Escribe el papa Francisco: «Ante el conflicto, algunos simplemente lo miran y siguen adelante como si nada pasara, se lavan las manos para poder continuar con su vida. Otros entran de tal manera en el conflicto que quedan prisioneros, pierden horizontes»; en cambio, debemos aceptarlo, soportarlo y «transformarlo en el eslabón de un nuevo proceso». Este camino requiere que nos alejemos del lenguaje de la alineación en bandos —un lenguaje inventado por un poder que se inventa campos de batalla en un intento por mantenerse[6]— para adoptar en cambio un lenguaje plural, acogedor, creativo e imposible de domesticar sobre lo que hemos mencionado. Ahora es necesario algo más. Es necesario abrir uno de esos debates que no se desarrollan frontalmente, sino que nacen del deseo de llevar el discurso a otro nivel, a un nivel en que no puedan utilizarse argumentos para excluir o borrar ninguna vida.

---

[6] Cf Kübra Gümüsay, *Lingua ed essere*, Fandango, Roma 2021.

2. De boca en boca: la mística como espacio de sustracción

Por lo que se refiere a palabras instrumentales, la biblista Marinella Perroni, socia fundadora del CTI y primera presidente de la asociación, recuerda precisamente que no basta con que una fórmula se vea privilegiada para considerarla buena, porque algunas ideas pasan «de boca en boca, y de libro en libro» por razones injustas, o al menos confusas[7]. En realidad, el principio mariano-petrino funciona porque promete simplificar esa complejidad que aterroriza, porque promete llevar las diferencias a una unidad deseada por el sujeto más fuerte u organizarlas con específicas polaridades jerarquizadas, porque permite a algunos nostálgicos replantear de manera elegante ese horizonte patriarcal y fratriarcal[8]

---

[7] Cf MARINELLA PERRONI, *A proposito del principio mariano-petrino: per una metodologia della elaborazione-comunicazione della fede che rispetti il dato biblico,* en COORDINAMENTO ASSOCIAZIONI TEOLOGICHE ITALIANE, *La fede e la sua comunicazione. Il Vangelo, la Chiesa e la cultura* (edición de Piero Ciardella - Silvano Maggiani), EDB, Bolonia 2006, pp. 93-116. De las mismas autoras, cf «Principio mariano-principio petrino: quaestio disputanda?» (https://www.cittadellaeditrice. com/munera/sulla-formula-principio-marianoprincipio-petrino-m-perroni/), y «El doble principio», en *L'Osservatore Romano* (3 de diciembre de 2002), en https://www.osservatoreromano.va/it/news/2022-12/dcm-011/il-duplice-principio.html.

[8] «Fratriarcado» es, quizá, el término más actual de un patriarcado que hoy se ha transformado y se ha disfrazado, pero que no ha muerto. La autoridad paterna de nuestras tradiciones lleva en crisis desde hace tiempo, pero algunos hermanos masculinos han asumido su legado proponiendo de nuevo las mismas reglas. En esta perspectiva, las mujeres que quieren ser reconocidas en el espacio público como personas dotadas de palabra, decisión y acción, deberán homologarse, a la fuerza, a quienes mandan. La alternativa es la obediencia.

que hoy está en crisis, pero que no se ha extinguido del todo ni se ha sustituido por un sistema simbólico alternativo.

Las teologías de género rechazan este modelo porque han desenmascarado su estratagema: el principio mariano-petrino anula o neutraliza a las mujeres por medio de bonitas definiciones y de imágenes atrayentes. Para tratar de explicar este concepto, recuerdo una acertada y esclarecedora respuesta que el papa Francisco dio al director del *Corriere della Sera,* que le había preguntado sobre una cierta exaltación de su figura: «Sigmund Freud decía, si no me equivoco, que en toda idealización hay una agresión»[9]. Sin omitir el motivo de su evidente humildad personal, en aquella entrevista Francisco rechazaba la visión romántica y mitificada de su persona porque advertía en ella la sombra amenazante sobre la libertad de ser papa *en la historia*. Por eso, en dicha circunstancia, Francisco utilizó una lógica similar a la de las mujeres cansadas de ser descritas según el modelo mariano o del *genio femenino*, y posiblemente se sintió como ellas, encasillado en un espacio de perfección que paraliza y condena a la imposibilidad de ser lo que se es, con las virtudes y las limitaciones de la propia singularidad. La elevación confina a los individuos a zonas distantes e inalcanzables, impidiéndoles que participen en el argumento concreto de la historia, que se manchen

---

[9] La entrevista, que concedió a Ferruccio De Bortoli, fue publicada en *Corriere della Sera* el 5 de marzo de 2014. Puede leerse completa en español en https://www.feadulta.com/es/noticias-de-alcance/1706-entrevista-al-papa-francisco.html.

las manos con los procesos de gobierno, de la toma de decisiones, del poder, y que, al mismo tiempo, los convierte en posibles víctimas. Como explicó acertadamente René Girard, la aclamación del Mesías está, en cierto modo, relacionada con la preparación de la víctima del sacrificio.

2.1. ¿Lo femenino como fuerza de inspiración?

Por tanto, el problema que las mujeres plantean respecto al principio mariano-petrino es que se trata de una fórmula vacía, con lamentables e injustos efectos colaterales. La promesa que transmite parece positiva: un sistema en que mujeres y hombres puedan tener su espacio oportuno sin competir y sin disputarse el liderazgo, y puedan vivir una valiosa alianza para el cuidado del mundo. Pero el mecanismo es estructuralmente frágil, porque trata de obtener todo ello integrando lo femenino como «fuerza de inspiración» de un mundo que sigue siendo masculino. «Las mujeres no estamos en la Iglesia como Beatriz lo estuvo para Dante». Y, sin embargo, esto es precisamente lo que nos pide con este principio un mundo masculino que por fin se ha dado cuenta de la anomalía de su propia autosuficiencia, que siente que ha de mirar más allá de sí mismo y que desea salir de la sala de los espejos porque está sufriendo verdaderamente el alejamiento del mundo. El mundo masculino, en otras palabras, parece estar pidiendo al mundo femenino que se convierta en luz de una sombra considerada necesaria e inevitable, cuando este sería el momento de rediseñar juntos la casa común. Es un poco el mecanismo del «acantilado de cristal»[10]: como si los hombres se acordaran de las mujeres solo cuando hay que reparar el mundo o reanimar a una Iglesia, considerándolas como musas inspiradoras, diques de un poder siempre expuesto al orgullo, cuota de contraste salvífico en un mundo de identidades cerradas.

Hechas estas consideraciones, no sorprende que el efecto del principio mariano-petrino sea paradójicamente idéntico al que en las tradiciones del pasado declaraba la inferioridad de las mujeres respecto a los hombres: la exclusión. Lo cierto es que este principio sitúa lo femenino en una dimensión tan elevada de la tierra que algunas realidades terrestres asumen un rostro exclusivamente masculino. Desde una posición

---

[10] Todos conocemos ya la imagen patriarcal del techo de cristal: sobre las cabezas de las mujeres hay un obstáculo —invisible porque es transparente como el cristal— que les impide acceder a determinados puestos de autoridad y poder. También conocemos la imagen fratriarcal del muro de cristal: es el obstáculo que se interpone entre hermanos y hermanas como una valla que delimita espacios. Por su parte «Acantilado de cristal» es una expresión reciente acuñada por un grupo de investigadores de la Universidad de Exeter, que indica el fenómeno por el cual aumenta el liderazgo femenino en situaciones de crisis, pero se reduce de nuevo cuando la crisis se ha superado. Esto puede verse en muchas empresas, organizaciones políticas o comunidades que han llegado al borde de uno de los muchos acantilados de la historia: en una situación en que hay un elevado riesgo de culpa, fracaso e impopularidad, se ceden voluntariamente a las mujeres la autoridad y el poder. Si la crisis se resuelve, se encontrará la manera de devolver a las mujeres a los márgenes. Si, por el contrario, la crisis no se supera, no pasa nada: se ha intentado todo y el fracaso será responsabilidad de ellas. Cf. Conchita de Gregorio, *Malamore. Esercizi di resistenza al dolore,* Mondadori, Milán 2008, p. 123.

afectiva y carismática, una mujer puede, sin duda, manifestar atributos poderosos, proporcionar ayudas auténticas, hacer memoria de la justicia, pero vive en la imposibilidad de mancharse las manos con la historia, refrenada ante toda posible participación. Para nosotras, las mujeres, este papel místico e inspirador se convierte en una eliminación de lo que somos y podemos ser de verdad, individualmente y en conjunto, en esta Iglesia, con nuestras virtudes y nuestros defectos, con nuestras historias, tan diferentes, con nuestras capacidades, con nuestro dolor y nuestra interpretación crítica de lo real. El principio mariano funciona, de nuevo, como apoyo del principio petrino, en una especie de abrazo que ahoga, asimétricamente, a todos los individuos.

2.2. La Iglesia-esposa y el contrato sexual

Esa misma dinámica reduccionista se observa en el modelo de una Iglesia configurada a través de la imagen de María[11] y definida como *esposa*. La metáfora esponsal en clave eclesiológica no es en sí problemática, dado que en la Escritura se utiliza para indicar plena adhesión —afectiva, psíquica, práctica— al Señor, y puede, por lo tanto, aplicarse a toda vida creyente. Los problemas surgen cuando se absolutiza, porque oscurece las demás metáforas importantes: *pueblo de Dios, cuerpo de Cristo, templo del Espíritu*… Fuera de su propio círculo y entendida en clave exclusivamente

---

[11] HANS URS VON BALTHASAR, *Teodramática* III. *La persona del drama: el hombre en Cristo,* Encuentro, Madrid 1993, pp. 278-294.

esponsal, la relación Cristo-Iglesia choca contra una serie de preguntas incómodas que parecen proceder de la disrupción de una referencia a la ministerialidad ordenada. Por ejemplo, ¿por qué la receptividad a la gracia —receptividad que la metáfora esponsal remite a *todo* el pueblo de Dios— parece diferenciarse según el sexo, y deja de ser aplicable a las mujeres en formas reconocidas y reconocibles de adhesión a Cristo? Esta pregunta puede parecer pretenciosa o algo absurda, pero únicamente es así si se postula una ministerialidad ordenada basada en algo diferente a esa receptividad original con la que se calificó a la Iglesia como esposa. Desde esta perspectiva, la metáfora puede resultar problemática, o al menos, parece que se ha usado de manera exclusivamente estética. Además, con estos discursos, se hace difícil explicar la pertenencia eclesial de los hombres: al estar «capacitados» a ser signo de Cristo esposo, ¿los varones ordenados pertenecen a esta Iglesia más intensamente que los varones laicos?

En resumen, solo las mujeres reales, y no las místicamente idealizadas del principio, conseguirán transformar un sistema masculinizado. A pesar de que se presenta como un principio alentador, el principio mariano-petrino corre el riesgo de ser un binomio inerte, un puente reconstruido por el que no cruza nadie, o casi nadie. Funcionó —o pareció funcionar— mientras se respetó el contrato sexual de la complementariedad, atestiguado también en el magisterio pontificio[12], mientras que ahora

---

[12] Se observa, por ejemplo, en *Marialis cultus,* de Pablo VI; en *Mulieris dignitatem,* de Juan Pablo II; en la explicación del sentido y

se ofrece solo como excusa para justificar en el cielo lo que ocurre en la tierra.

Tal como explicó Carole Paterman, antes del feminismo, las sociedades podían contar con un *contrato sexual*[13] que asignaba roles, cualidades, ocupaciones a hombres y mujeres: a ella le correspondía el espacio del hogar, la tarea del cuidado y la reproducción, la apuesta por las relaciones, las emociones, la inmanencia, la mística; a él le correspondía el espacio público, la tarea de la justicia y de la producción, la fuerza de la autonomía, la razón, la trascendencia, la teología. Con su entrada en el espacio público y con el reconocimiento de su propia libertad, las mujeres pusieron en tela de juicio este modelo patriarcal, provocando un impacto que todavía provoca ondas sísmicas. Las mujeres han dejado de considerarlo, pero todavía no se ha alcanzado un modelo de reciprocidad real —no hipotecado— verdaderamente alternativo al de la

---

el valor de la púrpura cardenalicia de Benedicto XVI, y en diferentes reflexiones eclesiológicas de Francisco.

[13] El «contrato sexual» es el lado en la sombra del «contrato social» sobre el que se funda nuestra democracia: precisamente mientras nace la política con todos sus mecanismos de delegación de poderes, se constituyen también horizontes culturales, sociales y éticos que asignan a ambos sexos roles determinados y no intercambiables. Nacido y vivido como un orden simbólico gobernado por la autoridad paterna impregnada de estereotipos que convierten lo masculino en superior a lo femenino, y corroído en la actualidad por los feminismos y la crisis de la subjetividad masculina, el contrato sexual se ha descartado en la forma, pero no en la sustancia. Se reconoce como un acuerdo tácito entre «hermanos» que, una vez fallecido el padre, ocupan su lugar y establecen una triste alianza para dejar fuera del espacio público a las mujeres. Cf. CAROLE PATEMAN, *Il contratto sessuale. I fondamenti nascosti della società moderna*, Moretti & Vitali, Bérgamo 2015.

complementariedad que decidió el mundo masculino. El resultado es que entre los sexos se ha abierto un vacío en el que debemos aprender a vivir sin regresar a las fórmulas del pasado. Frente al vacío se necesita creatividad. No podemos volver atrás. No funciona ni en las familias, ni en la sociedad, ni en la Iglesia[14]. No es ya momento para eso.

2.3. ¿Una masculinidad objetiva e institucional?

El principio mariano-petrino ha tenido un fuerte impacto en la vida de las mujeres, pero también, sin duda, en la de los hombres. Hoy son ellos los que han de registrar, sopesar y narrar de manera crítica esta historia. Muchos no están dispuestos a hacerlo porque les cuesta mirar en su interior, exteriorizar emociones, debatir con sus compañeros de viaje poniendo palabras a su propia vulnerabilidad. En cualquier caso, nadie puede sustituirles en esta tarea tan delicada e inevitablemente expuesta al riesgo de la deconstrucción identitaria. Porque solo el individuo masculino puede cancelar la garantía de la *objetividad* que Balthasar ha ayudado a instalar en la vida de los hombres, despojándola de todo lo que manifiesta intimidad, vulnerabilidad, dependencia y pasividad. Y, sin embargo, en la Escritura, Pedro no es solo el hombre que en el seguimiento de Cristo se halla investido de

---

[14] He profundizado en el tema de los difíciles y diferentes itinerarios de la subjetivación masculina y femenina en un trabajo reciente: Lucia Vantini, *Educazione. Parole per capire, ascoltare, capirsi*, ITL, Milán 2022 (con una elocuente introducción de Silvia Zanconato), en particular en pp. 60-70.

autoridad, sino que es también el que se ve amonesta-
do por su oposición al sufrimiento del Mesías; que se
descubre que es capaz de negar a Cristo cuando nunca
antes se había percatado de su propia fragilidad; y que
consigue hallar su amor a pesar de la herida que le ha
causado su infidelidad. Es necesario hacer un serio
trabajo hermenéutico sobre todo esto, para renovar los
procesos educativos, formativos, éticos y espirituales
de los niños con el fin de acabar con el narcisismo
intrínseco del orgullo del que proceden muchas de
las tragedias de las que nos informan constantemente
las noticias. Es evidente que la crisis de las relaciones
entre sexos no se resolverá con una vuelta al pasado
según la perspectiva de dominio y de autoridad de
lo masculino objetivado y estabilizado, sino con una
cultura del despertar afectivo, de la consciencia íntima
y de la posibilidad de fracasar.

El principio de Balthasar es, pues, problemático, no
solo porque interpreta el elemento mariano-femenino
como afectivo y carismático, sino también porque interpreta el elemento petrino-masculino como exclusivamente ministerial-institucional, confirmando un extraño
entorno que confina al primero en el mundo *subjetivo* y
al segundo en el mundo *objetivo*. Sin embargo, como nos
enseña también la física, el binomio objetivo/subjetivo
no puede explicar la complejidad de lo real[15], que requiere más bien paradigmas de interconexión[16].

---

[15] HANS URS VON BALTHASAR, *Teodramática* III, o.c., pp. 289ss.
[16] GABRIELLA GREISON, *Ogni cosa è collegata. Pauli, Jung, la fisica quantistica, la sincronicità, l'amore e tutto il resto*, Mondadori, Milán 2023.

3. De la constelación a la constricción: la pérdida de la complejidad

El discurso originario de Balthasar —que, entre otras cosas, quería integrar el ministerio papal en la Iglesia universal, nada más— no presenta en realidad esa formulación tan estrictamente doble que a menudo se le atribuye. Basta con hojear *El complejo antirromano*[17] para percatarnos de ello.

En esta obra el autor inscribe la experiencia del Resucitado en una auténtica constelación de figuras, todas ellas importantes a nivel simbólico y misionero: su madre María, Juan el Bautista, los Doce, Pablo, pero también José, María Magdalena, Marta y María de Betania, Simeón, Nicodemo, José de Arimatea... El Jesús de Balthasar no es, entonces, ni un principio ni un proyecto, sino un hombre de verdad, de carne y hueso, con una historia concreta hecha de encuentros, de emociones, de liberaciones y de solidaridad; una historia que concluye con una muerte ignominiosa en la cruz y que se vuelve a abrir con su imprevista resurrección y el restablecimiento de las relaciones de otra manera. Jesús no es un hombre solo, ni en el plano de la divinidad ni en el plano de su humanidad. No tener en cuenta esta constelación significa encontrarse con una cristología abstracta.

A nivel eclesiológico, esta constelación de figuras adquiere un significado arquetípico, que diseña una Iglesia de diversos principios a partir de la perijóresis

---

[17] HANS URS VON BALTHASAR, *El complejo antirromano,* BAC, Madrid 2018.

trinitaria. En Balthasar encontramos: el principio *petrino,* identificado con la dimensión *objetiva* e institucional de la Iglesia; el principio *paulino,* identificado con la profecía que manifiesta la irrupción del Espíritu como renovación; el principio *joánico,* índice del rasgo místico y contemplativo que coloca en sinergia la institución y el ágape; el principio *jacobeo,* como memoria del sentido histórico de la salvación, y, sin duda, el principio *mariano,* que narra un «sí» incondicional, como síntesis de todos los demás aspectos.

Aunque es figura de un principio con poder de síntesis, según Balthasar «María se desvanece en el interior de la Iglesia, para representar una presencia real, pero siempre dispuesta a retirarse tras el Hijo»[18]. Este modo de expresarse dificulta la «sabiduría de la hora» que el evangelio de Juan reconocía a la figura de María y abre el espacio para la sospecha de que las mujeres gobiernan en lo oculto, como manipuladoras escondidas, valientes, en la denominada «estrategia de la abuela», que simula obedecer a su marido, pero en realidad es la que manda, como el cuello que —y esto es así— mueve la cabeza.

A lo largo de la tradición, la complejidad de la constelación se pierde y se transforma en un binomio simplificado y simplificador que seduce con la promesa de actuar como brújula pero que acaba por desorientar las relaciones entre sexos[19]. El paso de la

---

[18] Ib.

[19] Es interesante observar que en la recuperación tradicional del discurso desaparece el principio paulino, quizá porque Pablo es el

circularidad plural a la dualidad jerarquizada traiciona el intento balthasariano de un discurso eclesiológico pericorético y abre contradicciones y desequilibrios que poco tienen de evangélicos. Sucede a *nivel del sentimiento,* donde lo femenino místico aparece como «más importante» que lo masculino institucional, pero —si lo miramos bien— en esa idealización mística la fuerza simbólica va desapareciendo poco a poco, queda relegada al fondo de la escena y se ve también privada de su capacidad de aportar una versión diferente de las cosas. Sucede también a *nivel práctico,* cuando surge una comunidad representada y gobernada por lo masculino, con techos de cristal, paredes de cristal y acantilados de cristal, que de hecho confinan lo mariano bajo lo petrino, en una visión jerárquica que el pensamiento de Balthasar no apoya en absoluto.

---

modelo de una masculinidad hecha apostólica por la vía mística y, por tanto, es difícil enmarcarla en una fórmula rígida y binaria, o quizá porque en sus cartas —suyas o atribuidas a él—, resuena todo el esfuerzo por reconfigurar las relaciones entre los sexos a la luz del Evangelio, y aún queda mucho camino por recorrer. En cualquier caso, el pensamiento se dirige a la comunidad de Corinto, en la que parece que las mujeres que recibieron el Evangelio descubrieron una libertad inédita, y acabaron por desautorizar algunas normas patriarcales de su sociedad. Como observa la teóloga Elizabeth Green, Pablo está probablemente preocupado por una posible disgregación social en nombre del Evangelio, y por eso trata de contener esa exuberancia femenina sostenida por el Espíritu. La invitación a que las mujeres callen (1Cor 14,34) se interpreta en ese sentido, de ahí que, por un lado, suene como una injusta pretensión de moderar la palabra femenina, y que, por otro lado, revele la potencia profética de esa misma palabra que el Evangelio ha liberado. Cf Elizabeth E. Green, *Il vangelo secondo Paolo. Spunti per una lettura al femminile (e non solo)*, Claudiana, Turín 2009.

En cualquier caso, no merece la pena dedicarse demasiado a restablecer el sentido original que este principio tenía en el discurso del teólogo suizo, porque su limitación permanece. Pero el resultado es un imaginario de la diferencia que confina a las mujeres a un segundo plano y a los hombres a dirigir los asuntos ellos solos, o, como mucho, con una moderación femenina implícita, del gobierno de las cosas.

La narrativa del objetivo petrino y del subjetivo mariano es, pues, inapropiada para hablar sobre el mundo y para tejer vínculos de justicia entre nosotros, dentro y fuera de la Iglesia. Convendría más bien recuperar la imagen de la constelación —de la complejidad, de la interconexión, del poliedro— en vista de la Iglesia que quizá venga: una Iglesia capaz de reconocer el poder del Espíritu, la fuerza liberadora del Evangelio, el valor y el riesgo de hacer que las relaciones entre sexos sean equitativas.

3.1. Una conjunción para mirar más allá

Deconstruir el principio mariano-petrino no lleva a la negación de la diferencia sexual como rasgo de parcialidad y de finitud que caracteriza toda vida. El gesto, más bien, la hace libre para tener un significado sin caer en fórmulas jerárquicas antievangélicas. En un intento de mostrar que en Cristo ninguna diferencia puede servir como una ventaja o motivo de desventaja, san Pablo parece preocuparse precisamente de esto, y, aunque es un hombre de su tiempo —de origen fariseo, acostumbrado a la práctica sinagogal en lo referente a las mujeres y habituado a la realidad de la esclavitud—, restaura a las criaturas en la verdad yendo más allá del discurso del Génesis de Adán que pretende definir el nacimiento y el papel de Eva[20].

Esto surge cuando leemos con mirada crítica el pasaje de Gálatas 3,28: «No hay judío ni griego, no hay esclavo ni libre, no hay hombre y mujer, pues todos vosotros sois uno en Cristo Jesús». El significado general es, sin duda, que ninguna diferencia étnica, social o sexual puede utilizarse como motivo para engreírse ni para humillar: las diferencias son señal de la creatividad de Dios, no elementos para sustentar escalas jerárquicas que la historia de los vencedores suele emplear. Pero conservando en el trasfondo este

---

[20] En el Génesis hay ya una interpretación patriarcal de la creación, y, lamentablemente, algunos comentarios, en lugar de ocultarla, la potencian, porque dejan creer que de verdad la mujer es un ser derivado del hombre y que él recibió tradicionalmente el honor y la responsabilidad de conocer su origen y su destino. En este sentido escribe Cristina Simonelli: «Porque él toma la palabra, está contento y admirado, sin duda. Pero parece hacer entrar en escena, quizá lejos de la intención del propio redactor, una autorreferencialidad, como si estuviese hablando con su reflejo y esto bastase: habla de ella —"esta vez"— y no con ella. La mujer, que se había indicado que era solo "una ayuda frente a él", y, por tanto, sin complementariedad ni subalternidad, en esta página carece de palabra autónoma» (CRISTINA SIMONELLI, *Eva, la prima donna, o.c.).* Pero lo cierto es que en hebreo, *Adam* es un nombre colectivo que tenemos la responsabilidad de traducir. Sobre este aspecto, cf RITA TORTI, *L'uomo e la sua costola: tradurre, tradire, tramandare,* en el blog *Il Regno delle donne* (5 de octubre de 2021) (https://ilregno.it/regno-delle-donne/blog/luomo-e-la-sua-costola-tradurre-tradire-tramandare-rita-torti). Estos temas están también presentes en la literatura exegética masculina: cf ANDRÉ WÉNIN, *Da Adamo ad Abramo o l'errare dell'uomo,* EDB, Bolonia 2008.

horizonte simbólico, hay un pequeño detalle lingüístico que llama nuestra atención: en la unidad que se genera en Cristo, la diferencia sexual no parece ser neutralizada, sino reactivada, ya que en la frase aparece una conjunción en lugar de una negación como en los binomios anteriores: «no hay hombre y mujer». Con esa «y» Pablo quizá estaba tratando de deconstruir la cultura del orgullo y de la jerarquía sin eliminar el hecho de que en el mundo hay hombres y mujeres. Con esa conjunción, Pablo parece invitarnos a no meter en el mismo saco las vidas de mujeres y hombres, como si hubiera adivinado lo que muchas mujeres saben por experiencia: en las visiones generales inapropiadas siempre acecha el poder del más fuerte. Y por eso las teologías feministas denuncian todos los universales falsos que quieren meternos dentro a todas y a todos, como cuando afirmamos que al decir *hermanos* estamos incluyendo también a las *hermanas*. En cierto sentido, el pasaje de Gálatas parece pedirnos que no pretendamos que haya entre nosotros una unidad que aún no ha tenido lugar y que reflexionemos bien sobre la diferencia sexual: ¿qué modo tenemos de indicarla, cómo la narramos y la traducimos en la práctica, en la cultura, en la sociedad? Dicho con otras palabras: esa «y» remite a la ingenua —o maliciosa— facilidad con la que a veces declaramos que hombres y mujeres son iguales entre sí, con los mismos derechos y los mismos deberes, con la misma dignidad bautismal. El patriarcado y el fratriarcado, que aún están entre nosotros, se nutren también de este *sobrevuelo* sobre lo que la diferencia expresa o se ve obligada a expresar.

3.2. Salvar el vacío con una cualidad humana inédita

A decir verdad, en la historia de nuestra Iglesia no han faltado los discursos explícitos sobre la diferencia sexual, pero están hipotecados de cierto esencialismo: se pasa indebidamente del dato biológico al ético-normativo y espiritual. Por ejemplo, la posibilidad que tiene el cuerpo femenino de generar otra vida se traduce inmediatamente como el destino natural del cuidado, en un código relacional que tiende a contraponerse al de la autonomía. Es una síntesis excesiva, que sería necesario verificar, para justificarse en el plano de las situaciones existenciales. Menos evidente pero igual de grave es la recaída de este mecanismo sobre el destino masculino: una corporeidad que parece destinada a dejar señal de su propia potencia vital siempre fuera de sí misma, acaba por sentirse privada de alma, con una interioridad aplastada al nivel del reconocimiento social, del poder o de la institución, y sin acompañamiento formativo, educativo y espiritual sobre su propia parcialidad y vulnerabilidad[21]. En este rígido entorno también la masculinidad del Resucitado corre

---

[21] Sobre esto cf. Diotima, *Il pensiero della differenza sessuale*, La Tartaruga, Milán 2003. La diferencia tiene una matriz biológico-corporal, sí, pero no se reduce a ella, sino que se manifiesta contando una historia particular hecha de experiencias, de relaciones, de palabras, y deja huella en nuestra actitud individual en el mundo: cuando pensamos, hablamos, sentimos, actuamos o tomamos una decisión, la diferencia sexual siempre está, en cierto modo, implicada. Se debería hablar a este nivel de complejidad, pues si nos mantenemos en la superficie corremos el riesgo de no comprender y, sobre todo, de aplastar las vidas de la gente.

el riesgo de ser una especie de espejo para individuos semejantes, más que la realidad de una divinidad que es universal, aunque se haga parcial y que en su condición gloriosa puede confiar el Evangelio a quienes en la historia no lo habían comprendido, lo habían negado, lo habían perseguido o lo habían recibido en una vida que no contaba con la credibilidad suficiente como para poder presentarse como testimonio.

Es el momento de imaginar otra historia, más fiel al devenir de la salvación, porque también la vida espiritual tiene su propio desarrollo. El teólogo Carlo Molari escribía, precisamente, que «el corazón del hombre debe ser renovado a medida que va teniendo lugar la evolución. Hay cualidades humanas que hace siglos no eran necesarias, o eran imposibles de desarrollar, o que incluso estaban prohibidas»[22]. De manera que hay que poner en marcha profundas transformaciones en las personas y en las culturas, poner en circulación cualidades espirituales nuevas, poner en marcha nuevas experiencias y nuevas actitudes interiores.

En este artículo he tratado de identificar las cualidades humanas que el presente requiere: salir de la idealización mística de lo femenino y redescubrir a las mujeres reales, interrogar a las conciencias masculinas sobre sus aspectos subjetivos más sensibles y vulnerables, dar vida a una cultura del *nosotros,* de la complejidad, de la interconexión, de la libertad

---

[22] Carlo Molari, *Il cammino spirituale del cristiano. La sequela di Cristo nel nuovo orizzonte planetario*, Gabrielli Editori, San Pietro in Cariano (Verona) 2020.

de y en la diferencia. Las fuerzas necesarias para todo esto existen ya, pero para interceptarlas y convertirlas en vida, es necesario arriesgarse a una escucha más radical de las mujeres.

OTROS PRINCIPIOS. OTROS SACERDOTES. POR UNA MASCULINIDAD EVANGÉLICA

Luca Castiglioni

Este capítulo recupera —tratando de no sobredeterminar su interpretación— algunas ideas de Hans Urs von Balthasar que son útiles para conformar la relación entre mujeres y hombres en la Iglesia en su norma evangélica, encarnada por la comunidad cristiana primitiva. En este sentido hace un servicio especial, además de los principios mariano y petrino, el principio joánico, muy eficaz a la hora de indicar la filiación divina como realidad fundante para la identidad de todo discípulo y discípula y para su misión ministerial (apartado 1).

Partiendo de esto, el capítulo toma en consideración algunos problemas presentes en la configuración actual de las relaciones eclesiales, concentrándose en el papel fundamental que los ministros ordenados desempeñan en la construcción de relaciones —también, y especialmente, entre hombres y mujeres— entendidas en la lógica sinodal, que es, además, la eclesial en cuanto la única evangélica. En particular se hace una reflexión sobre las formas de ejercicio de la autoridad que el estilo de Jesús propone y que son hoy las más necesarias, como la capacidad de escuchar y de poner en marcha los carismas de los demás (apartado 2); sobre los recursos a los que pueden acceder los sacerdotes, en especial en la relación con las mujeres (amigas), en esta época en que se está reconfigurando su papel y quizá el de la identidad masculina (apartado 3); sobre la oportunidad de ponerse a disposición de una *actio* penitencial, precisamente en concomitancia con la conclusión del Sínodo (apartado 4).

1. La «lección» de Hans Urs von Balthasar

1.1. Ideas que han hecho escuela y hay que recibir con prudencia

Hans Urs von Balthasar (1905-1988) nos ha ofrecido una profusa y rica contribución teológica; muchas de las ideas fundamentales de su reflexión —aún discutidas y, en ciertos aspectos, obsoletas[23] — forman hoy parte de nuestro patrimonio y de nuestra tradición. Entre ellas hay algunas, relativas en particular al ámbito eclesiológico, que señalan su valor y, al mismo

---

[23] En este sentido el aspecto más problemático son las referencias exegéticas de los autores, hoy en gran parte superadas. En particular su *Teodramática,* que, aunque recuerda ciertos casos de exégesis narrativa, en realidad no se basa en el análisis del desarrollo de los personajes en la dinámica propia de los relatos evangélicos, sino en la elaboración de determinados «principios», que el autor vincula con un número concreto de personajes y que utiliza para describir las dimensiones fundamentales de la Iglesia. Además, Balthasar ni recupera a los personajes femeninos de la Biblia, que es algo que sí hace la exégesis feminista (y no solo esto), ni desenmascara los estereotipos sexistas que impregnan las Escrituras, lo que supone una grave carencia cuando se acomete una lectura con perspectiva de género del texto bíblico.

tiempo, la circunspección que hay que mantener para recibirlas constructivamente[24].

a) Balthasar afirma que el misterio de Cristo y el misterio de la Iglesia pueden incluirse únicamente en la «constelación humana» de las relaciones que Jesús mantuvo; en este sentido en la *Teodramática* el teólogo ahonda en algunas figuras (principalmente joánicas), y les atribuye el valor de personajes que tuvieron una misión fundante en la Iglesia: Juan el Bautista, los Doce (en particular Pedro y Juan), la madre de Jesús y las hermanas de Betania. Las relaciones que vivió Jesucristo son, pues, indispensables para acceder a su misterio; por otro lado, hay que tomar en consideración precisamente la gran variedad de esas relaciones —variedad que no puede circunscribirse a ninguna tipología— y la realidad personal concreta, que no puede reducirse a una serie de «principios» (petrino, paulino, joánico, jacobeo, mariano), como se aprecia claramente al leer los sinópticos. Destaca la centralidad de la relación que —ayer, hoy y mañana— *toda criatura individual, en su irrepetible singularidad, mantiene con Jesucristo.*

b) Balthasar introduce en la teología una lectura en perspectiva de género[25] que ayuda a superar la idea de un ser humano neutro, que en realidad solo lo es falsamente, porque siempre se acaba por concebirlo según la

---

[24] Para profundizar sobre este tema me permito remitir a Luca Castiglioni, *Figlie e figli di Dio. Uguaglianza battesimale e differenza sessuale*, Queriniana, Brescia 2023, pp. 159-189.

[25] Una actualización del tema se encuentra en Simona Segoloni Ruta, Il gender c*ome categoria euristica in teologia. Alcune linee di sviluppo*, in *Anthropotes* 39/2 (2023) 113-133.

lógica de lo masculino que prevalece sobre lo femenino. En particular, el teólogo dirige nuestra atención al hecho de que la mujer (o quizá sería mejor decir las mujeres) es parte estructural de la Iglesia, a pesar de que Balthasar tiende a atribuirle rasgos concretos atemporales, recabados de estereotipos de género que hoy ya no son válidos, y un papel concreto que la confina muy lejos de los «lugares donde se toman las decisiones importantes, tanto en la Iglesia como en las estructuras sociales» (cf *Evangelii gaudium* 103-104). Hay que conservar, de las ideas balthasarianas, el valor indispensable de la *presencia de las mujeres en el corazón de la vida eclesial;* de manera que sus carismas no pueden ni deben marginarse, y pueden y deben tener espacio y voz en la Iglesia iguales a los de los hombres. Nos parece también valiosa la lección sobre la importancia de evitar decir «la mujer», en singular: es fácil comprender el valor de esta simple pero significativa norma del lenguaje, que casi siempre se pasa por alto[26].

---

[26] Conviene evitar la fórmula «la mujer» (que es aún peor cuando se usan mayúsculas) y nombrar a las mujeres en plural, para no reiterar la idea de que se pueden reducir a una categoría unívoca y atemporal, o que lo femenino puede ser definido por completo con algunos rasgos (receptividad, sensibilidad, dulzura, cuidado, interioridad…), de los que luego derivarían los roles fijos, válidos siempre en cualquier contexto. Estudios antropológicos y sociológicos, en el pluralismo cultural del mundo globalizado, han desvelado estereotipos, hoy insostenibles, que concurrían para definir a «la mujer»; en particular, la sensibilidad actual se opone frontalmente a la jerarquía de sexos, lógica que todavía está presente en Balthasar con la afirmación de una prevalencia permanente de lo masculino y con la relegación de lo femenino a lo responsorial. Además, hoy somos conscientes de que lo femenino y lo masculino no son categorías perfectamente definibles y de que, en realidad, ambos están presentes en todas las personas, hombres y mujeres.

c) Por lo que respecta a los hombres, Balthasar parece inclinarse a atribuir la masculinidad a la función jerárquica, que, además, somete a una severa crítica. El resultado es una valoración generalmente negativa y *una débil consideración de la masculinidad «común»*, es decir, la que no está vinculada al desempeño de una función jerárquica. ¿Qué valor se reconoce y qué lugar se atribuye a los hombres bautizados (no sacerdotes) en la propuesta eclesiológica de Balthasar?

d) Como hemos dicho, Balthasar destaca que la receptividad responsorial es un elemento característico de la identidad del creyente; pero acaba *superponiendo lo femenino a lo creatural*: hay una cierta confusión entre lo que atribuye a la mujer y lo que, en cambio, es propio de toda criatura, no en cuanto ser femenino, sino en cuanto ser creado. Esto es precisamente lo que sugiere que se lleve a cabo una profundización en una idea balthasariana que ha permanecido inerte —o, al menos, que se ha aprovechado menos que otras— a la hora de recibir su pensamiento.

1.2. ¿Una idea inerte? El principio joánico

En realidad, el principio joánico no ha recibido la misma atención que se ha reservado a los principios petrino y mariano, aunque Balthasar lo describe como capaz de unir ambos y de reagrupar la institución con el amor. Este principio hace referencia al «discípulo amado», figura del cuarto evangelio que subsiste solo por su relación con Jesús: es amado por Jesús y ama a Jesús. En este sentido es imagen del verdadero discípulo, más allá de lo masculino y lo femenino: es algo que se observa también en el hecho de que, en la *Teodramática,* no se le atribuye ningún rasgo «masculino», como sí hace en el caso de Pedro o Juan el Bautista. También Balthasar, por tanto, reconoce la existencia de una realidad decisiva que se encuentra aguas arriba de la diferenciación sexual, aunque sin desmentirla patentemente. En este sentido, lo que el teólogo asocia al elemento femenino mariano —que designa como típico de toda criatura, o sea, la responsorialidad—, se entendería mejor si fuera algo que se dijera de todo hijo o hija de Dios sin hacer ninguna diferencia en cuanto a su sexo, al ser enteramente recibido por su creador, del que los progenitores (padre y madre) son un signo. Porque *la realidad previa a lo masculino y a lo femenino es la filiación divina,* pero Balthasar tiende a atribuir la dimensión puramente creatural solo a la feminidad como responsorialidad, y esto provoca un cortocircuito. La decisión de definir lo fundamental de la mujer como una respuesta *(Ant-wort)* que se da al hombre *(Wort)* parece fuera de lugar: la mujer no puede definirse como una «respuesta» al hombre, considerado como quien le dirigió a ella la primera palabra; en todo caso habría que considerarlos a ambos como unidos en un diálogo paritario, pues no hay que olvidar que quien dirige la primera palabra (compuesta también de gestos, sonidos, cuidados) a la criatura es su madre, y genera una respuesta, de ahí que la responsorialidad deba atribuirse al hijo (varón o hembra), no solo a la mujer.

Juan vive esencialmente del hecho de que es amado: no por ser masculino o femenino (aunque, indudablemente, pertenece a uno de ambos sexos), sino en cuanto *child* o *enfant,* que es recibido en su totalidad por Dios Padre porque acepta el amor del Hijo Jesús. Juan es el discípulo amado que corresponde perfectamente a Jesús porque acepta su amor y se lo devuelve: este es el elemento decisivo que *caracteriza su identidad, pero también la de todo creyente.* En cambio, la decisión de asociar este elemento a la feminidad crea confusión, al menos por dos razones:

– Lleva a pensar que los varones deben concentrarse en otros asuntos, que les corresponde hacer otra cosa, aunque también para ellos esto es algo esencial.

– No tiene suficientemente en cuenta el hecho de que la historia, incluida la historia de la Iglesia, ha introducido en la diferencia sexual una lógica jerárquica subordinadadora (una realidad que hace unas décadas ni siquiera se percibía, pero que hoy debemos tener en cuenta, compensando un retraso de siglos), que ahora se confirma de manera inadmisible con la afirmación de una primacía masculina y un papel secundario femenino.

1.3. *Por una articulación eclesiológica de tres «principios»*

Para intentar articular los tres principios que hemos mencionado hasta ahora, conviene destacar que identidad (persona) y función (misión) son inseparables, aunque diferenciables, y que una es fundamento de la otra, su razón de ser; en cambio, si prevaleciese, por ejemplo, la función sobre la identidad, se perderían las dos. En el discípulo amado todo está en su identidad: su identidad coincide con su función. Ser amado por Jesús y amar a Jesús es lo que lo define, hasta el punto de poder decir que *su función es ser lo que es: amado que a su vez ama*. En otras palabras, su función es mostrar que ese amor —y no otro— es lo fundamental para la vida del discípulo. Todo discípulo es esencialmente eso (dejarse amar por Jesús y amarle), y, en el fondo, también María y Pedro son llamados a ser, ante todo, discípulos amados, porque también para ellos su identidad personal depende de lo que Juan encarna sin tener que agregar nada más.

María lo logra plenamente, y esto es lo que la hace fecunda: acoge como hijo al discípulo que Jesús le confía para guiarlo en el camino de la fe (*cf Jn 19,26*); de modo que *su misión es la perfecta fructificación de su propia identidad de creyente y de madre*. Porque es Jesús quien quiere que María, su madre, sea la madre de todos sus discípulos, a quienes ella guía y protege velando por su alegría, y quiere también que su discípulo tenga como madre a su propia madre, y esto es algo que sucede cuando el discípulo recibe a María y la acoge entre las realidades más íntimas y queridas, dejándose guiar por ella (*cf Jn 19,27*).

Pedro fue educado para ser discípulo que se deja amar, que se deja lavar los pies (*cf Jn 13,6-10*): llega a ello gradualmente, gracias al amor de Jesús crucificado y resucitado, que lo purifica (*cf Jn 21,15-19*). *Cuando vive de este amor, Pedro es capaz de cumplir correctamente su misión (función) de apacentar* los rebaños, las ovejas de Jesús, que él mismo le confía. Los evangelios muestran que Pedro consigue asumir progresivamente dicha misión, y lo logra siempre que se deja amar por el Maestro. También María recorre un prolongado camino de aprendizaje, pero desde siempre encarna su misión de discípula y de madre fecunda, desde que dio su sí a la llamada de Dios (*cf Lc 2,26-38*).

Siguiendo los pasos de Balthasar, hemos observado que «una mujer, María, es más importante que los obispos» *(Evangelii gaudium* 104)[27]. Lo importante es no trivializar esta idea, como ocurre cuando se remite el principio mariano solo a las mujeres y el principio petrino solo a los hombres. Porque *la imitación de María se propone a todos los discípulos,* no solo a las

---

[27] Sin embargo, hemos de constatar que esta afirmación compara dos elementos que no están en el mismo plano: en el caso de María se alcanza el nivel de la identidad, unidos a su función; en el caso de los obispos, se refiere únicamente a la función que ejercen. Por otro lado, esta fórmula no alcanza el objetivo que se propone, que es allanar —mediante el reconocimiento de la altísima dignidad de María— el desequilibrio en las relaciones eclesiales entre mujeres y hombres. Lo cierto es que estas últimas décadas han mostrado que la opción de exaltar lo femenino y de acrecentar las cualidades excelentes «de la mujer» no mejora las relaciones, sino que más bien se revela como contraproducente, porque no permite percibir el problema, lo elimina sin escuchar el «clamor» de las mujeres reales, que es algo que también ha observado el Sínodo. Conviene, más bien, mostrar en los hechos que las mujeres de la Iglesia tienen una dignidad plena a todos los niveles, al igual que los hombres.

mujeres, ni especialmente a ellas: todo discípulo ha de hacer suyo el principio mariano, es decir, acoger y contemplar a María como creyente y como madre y como guía de la propia fe, comprendiendo así a qué fecundidad generativa conduce el dejarse amar por Jesús y amarle a su vez. Por otra parte, *Pedro es todo discípulo y discípula que —dejándose amar por Jesús— recibe y asume de él una misión hacia su rebaño:* la misión de apacentarlo y, más en concreto, de colaborar con el sucesor de Pedro para hacerlo, reconociendo a Pedro el primado que Jesús le ha concedido, como el discípulo amado supo hacer (*cf Jn 20,1-9*). Esta misión no es prerrogativa exclusivamente masculina: también las mujeres, en especial en la Iglesia de los orígenes, han conducido y siguen pudiendo conducir —*cum Petro y sub Petro*— el rebaño de Cristo[28].

---

[28] Las cartas de Pablo, por ejemplo, señalan la presencia de mujeres que ejercen roles ministeriales en la Iglesia primitiva: cf PETER RICHARDSON, «From Apostles to Virgins: Roman 16 and the Roles of Women in Early Church», en *Toronto Journal of Theology* 2 (1986), pp. 232-261; MICHEL GOURGUES, *«Né uomo né donna». L'atteggiamento del cristianesimo delle origini nei confronti della donna*, San Paolo, Cinisello Balsamo (Milán) 2014, pp. 78-129; CHANTAL REYNIER, *Les femmes de Saint Paul. Collaboratrices de l'Apôtre des Nations*, Cerf, París 2020. Pueden consultarse también los estudios sobre las diferentes evoluciones de la historia de la Iglesia: por ejemplo, HERVÉ LEGRAND, *«Traditio perpetua servata?». La non-ordination des femmes: tradition ou simple fait historique?*, en PAUL DE CLERCK - ÉRIC PALAZZO (eds.), *Rituels. Mélanges offerts à Pierre-Marie Gy*, Cerf, París 1990, pp. 393-416; ID., *Pour une Église synodale et fraternelle*, en MICHEL CAMDESSUS (dir.), *Transformer l'Église. Quelques propositions à la lumière de* Fratelli tutti, Bayard, París 2020, pp. 103-183.

Esta relectura de tres de los principios descritos por Balthasar ha permitido que emerjan los fundamentos del discurso eclesiológico, aunque haya sido solo de manera alusiva. Sabiendo que podemos basarnos en ellos, nos disponemos a *considerar abiertamente los problemas,* las dificultades, los desequilibrios y las discrepancias del concepto que está presente hoy día en la Iglesia católica. En Occidente la Iglesia está viviendo una «crisis sistémica», pero la está afrontando de acuerdo con una clara orientación evangélica, cuyo signo más prometedor es el camino sinodal, que valora y hace patente la plena subjetividad eclesial de toda persona bautizada, reconociendo el valor indispensable de su participación y de su palabra.

Ahora bien, resulta evidente que los ministros ordenados no pueden llevar a cabo por sí solos la sinodalidad en la Iglesia, y que, en realidad, si trataran de hacerlo solos, podrían incluso obstaculizar su crecimiento; por tanto, se puede esperar que den pasos de conversión coherentes y ejemplares, que fomenten y apoyen las dinámicas honestas a las que todos estamos llamados. En este sentido vamos a tratar de ofrecer tres indicaciones que anunciábamos ya en la introducción.

2. La autoridad que autoriza

La primera indicación concierne al estilo del ministro en el ejercicio de su autoridad, que está inevitablemente conectado con la cuestión de la escucha, personal y comunitaria (aquí nos centramos en el primer aspecto).

2.1. La autoridad «circular» de Jesucristo, normativa para sus ministros

Cuando reflexionamos sobre el modo en que Jesucristo ejerce su autoridad, observamos que esta se manifiesta, ante todo, en su profunda capacidad de *escuchar al mismo tiempo* la voz de Dios, origen de su misión, y la voz de las personas que encuentra en su camino, destinatarias de su compromiso y del poder benéfico que el Padre ha puesto en sus manos. Por otro lado, la autoridad de Jesús se manifiesta en su *palabra sincera y libre,* que, por una parte, tiene el poder de poner en pie a los pobres y débiles y, por otra, no entra en connivencia con los poderosos (o prepotentes) del mundo, es más, no le da miedo poner en tela de juicio el orden constituido. La autoridad de Jesús —elemento nodal— no se agota en la brevedad de una relación de poder unidireccional y, sobre todo, no permanece centrada solo en una persona, sino que esa «se manifiesta designando otra autoridad, provoca una *circulación* de relaciones de autoridad entre los diferentes protagonistas»[29].

En consecuencia, los ministros ordenados —llamados a ejercer la autoridad *según el estilo «circular» de su Señor*— deben presidir su comunidad escuchando,

---

[29] Étienne Grieu, «Repenser l'autorité des ministres ordonnés», en *Revue d'étique et de théologie morale* 317 (2023), p. 70 (traducción y cursivas propias). El autor continúa diciendo que ese modo de concebir la autoridad «permite salir de la visión habitual según la cual los ministros ordenados serían los motores de la Iglesia, mientras los fieles laicos estarían en una posición de recepción de lo que dichos ministros les dan».

reconociendo, activando e interconectando las autoridades ya presentes en sus miembros (ministros instituidos, ministros de facto, personas bautizadas), fomentando para ello los carismas individuales y cuidando comunitariamente la regulación[30]. El obispo, el párroco y todo sacerdote logrará hacerlo —y aquí radica el elemento nodal— solo si aprecia el beneficio de una autoridad que no está siempre —ni solo— en sus manos, sino que está ya *presente en otras figuras diferentes,* incluso en las «laterales» que no se piensa inmediatamente que puedan detentarla. Se trata de figuras que Jesús tiene el cuidado de señalar (como la viuda que echa dos monedas en el tesoro del templo, en Lc 21,1-4) y por las que se deja en cierto modo educar. En cambio, la formación en un ejercicio autorreferencial de autoridad conduce al autoritarismo, con sus más o menos tristes vínculos con los abusos de poder. «¿Formamos a nuestros ministros, en primer

---

[30] Esta es la imagen que también aparece con claridad en la constitución apostólica *Episcopalis communio* (2018, en adelante EC) del papa Francisco y que Theobald resume eficazmente, ilustrando la autoridad del ministro ordenado —invitado a una conversión que permite que aparezca el discípulo *que hay en* el maestro— que se manifiesta en esta triple figura: «1ª) la figura de una *autoridad que escucha,* que escucha dos "voces", la de Dios, y, *con ella,* la del pueblo (y viceversa; EC 5 y 6); 2ª) la figura de una autoridad que autoriza y hace posible la escucha mutua de todos y, precisamente dentro de ella, la de la palabra de Dios (EC 5); 3ª) la figura de una autoridad que habla con libertad, caminando en medio de todos, gracias a "una *común obediencia al Espíritu*", hacia un *consensus Ecclesiae,* que ha de seguir recibiéndose siempre (EC 7)» (CHRISTOPH THEOBALD, «Renouveler la théologie des ministères à partir des communautés», en *Revue théologique de Louvain* 54 ([2023] 1-31, aquí 28 [traducción propia]).

lugar, para que puedan responder personalmente a todas las necesidades que encuentran (y mantenerse, así, en una posición de autoridad) o para que sean capaces de aprender de aquellos a los cuales han sido enviados (y reconocer, así, otra autoridad)?»[31].

Supongamos que la adopción del estilo de Jesús en el ejercicio de la autoridad puede ayudar a los sacerdotes también a *liberarse de la carga del solapamiento* —exasperado y exasperante— *de su función y su identidad*. Esta dinámica —de la que ya hemos hablado anteriormente (apartado 1.3) y sobre la que volveremos más adelante (apartado 3)— es la causa de confrontaciones y de heridas en las relaciones con el pueblo de Dios, en especial con las mujeres. Cuando un sacerdote admite que su identidad fundamental no deriva del ministerio que ejerce, sino de su filiación divina (como es el caso de toda persona bautizada), asume su sacerdocio como «simple» servicio al sacerdocio común. Y vive con serenidad. Al recibir su dignidad únicamente del hecho de ser hijo de Dios, amado por todos y hermano de todos, queda libre de la misión que ha recibido, de la responsabilidad de gobierno que se le ha confiado y del ejercicio de poder. Sin duda, podrá (deberá) dedicarse a su ministerio y apasionarse por él (no encariñarse con él), pero sin miedo a que compartir el poder —y, por tanto, la responsabilidad del gobierno— prive de algo a su

---

[31] Étienne Grieu, «Repenser l'autoritè des ministres ordonnés», a.c., p. 71. Señalamos que ya en *Presbyterorum ordinis* 6 se esbozaba la figura de un sacerdote capaz de autorizar a sus colaboradores, de discernir sus carismas y también de hacerse a un lado.

persona. Plenamente satisfecho de ser hijo de Dios y discípulo amado, recibirá el ministerio ordenado como un camino dispuesto por el Señor para su bien y el de su Iglesia, una forma de servicio que compromete por completo su existencia a «hacer crecer» —como evoca una etimología de la autoridad, la de *augeo*— a sus hermanas y hermanos. Precisamente para «autorizarlos», de manera que todos y cada uno se vean alentados a ser plenamente lo que son y lo que Dios les llama a ser.

2.2. La autoridad del ministro ordenado en el servicio de la escucha

Para que este estilo circular se acoja en su verdad (sin que los ministros ordenados lo perciban como una usurpación de su poder) y sea una verdadera manifestación de la sinodalidad (sin que los laicos lo perciban como una gentil concesión por parte de la jerarquía), resulta determinante la *capacidad de escucha y de acompañamiento espiritual* personal y comunitario, en particular para fomentar las nuevas ministerialidades bautismales (que no se expresan únicamente en el ámbito parroquial). No es solo cuestión de hacer que la gestión de «recursos humanos» sea más eficiente, y no se trata tampoco de una mera exhortación moral a «escucharnos más». La necesidad de esta escucha se basa en la radical convicción de fe, es decir, en el hecho de que *toda criatura recibe un carisma de Dios, es más, es un don*: todo hombre, toda mujer, es un don de Dios para los demás y para el bien común.

Los ministros ordenados —pero también todos los que participan en el delicado arte del acompañamiento espiritual— deben ayudar a cada uno a reconocer el don que han recibido y el don que son como persona, a agradecerlo con alegría y a invertirlo con generosidad. Al fin y al cabo, es precisamente la adhesión a la eclesiología del Vaticano II y a las instancias sinodales lo que nos hace no solo invertir un tiempo de calidad en la escucha y en el acompañamiento de los laicos, mujeres y hombres, sino también a temer las opiniones no manifestadas y los silencios avergonzados más que el inevitable esfuerzo de toda escucha auténtica, es decir, atenta, empática y dispuesta a dejarse interpelar.

Como hemos mencionado antes, esto hace referencia tanto a nivel individual como a nivel comunitario; ahora vamos a centrarnos en el primero, contando con el hecho de que, para el segundo, el método de la «conversación en el Espíritu» está encontrando reconocimiento como un instrumento valioso, verdadero don de Dios a su Iglesia en esta época compleja: ¿será el fruto más hermoso del Sínodo? Sin duda, es una de sus exquisitas primicias. Con respecto a la escucha de las personas, podemos hacer algunos comentarios sin pretender ser exhaustivos.

– Es prudente el ministro ordenado que *recibe con regularidad y en un entorno apropiado* a las personas (un verdadero diálogo de una hora al menos una vez al año), sobre todo a los hombres y las numerosas mujeres a quienes se ha encargado alguna función. De ese modo, les da la ocasión de revisar su experiencia y, al mismo tiempo, de pedir cuentas sobre el encargo recibido, que debe estar orientado tanto al bien de la persona que lo desarrolla como a quienes sirve (este diálogo puede ser también una ocasión para que él se deje evaluar sobre su trabajo, y solicite opinión sobre el mismo a sus interlocutores).

– Esta escucha está inspirada, como acabamos de decir, por la mirada de la confianza que reconoce en cada persona bautizada un *charismaticus* (cf *Lumen gentium* 7 § 3), así como por la certeza de que *servir tiene un valor vocacional* y de que, al asumir un ministerio, se consolida y acrecienta la relación con el Señor. Y si bien es cierto que la institución de lectores, acólitos, catequistas (y otros) no cambia la naturaleza del servicio que muchos ya prestan, el hecho de que la Iglesia adjudique públicamente una misión oficial no deja de tener efectos psicológicos y espirituales. Pensemos en la protección que percibe quien acepta exponerse por el Evangelio, y en la gozosa libertad de quien sabe que está desempeñando su servicio por encomendación de la Iglesia y se siente, así, útil al prójimo y, ante todo, obediente a Jesucristo.

– Además, esta escucha se ve alimentada por la arraigada convicción de que *el punto de vista de toda persona bautizada es necesario,* pues su modo de encarnar el Evangelio en la «realidad social» en la que se encuentra es único e irreemplazable. Si faltase, la Iglesia se empobrecería, pero la presencia generalizada de las personas bautizadas en el mundo es la inestimable riqueza de la Iglesia «en diáspora».

En parte, porque la palabra que estos misioneros, que imitan a los Setenta (*cf Lc 10,1-24*), pueden expresar a su regreso (si alguien los escucha, precisamente), enseña a la Iglesia lo que de otro modo ignoraría.

– Por tanto, esa escucha transmite un maravilloso mensaje evangélico al individuo y a toda la comunidad: el mensaje de que hay de verdad un *lugar para todos* —reconocido como don de Dios— y *que todos son necesarios*, sea cual sea su carisma, y que la Iglesia no es solo asunto de quienes la gobiernan. Es verdad que algunos consideran que necesitan a la Iglesia más de lo que la Iglesia podría necesitarles, y aunque esto no suponga un problema (Jesús curó a muchos y les dejó volver «en paz» a sus ocupaciones, sin exigirles que entraran a formar parte de su comunidad o la sirvieran), todos deben poder percatarse de que su fe en Cristo es una realidad inestimable para la Iglesia, y que su testimonio implícito de «simple» creyente se acoge con gratitud y es digno de escucharse incluso en las altas esferas.

– Por otra parte, esta escucha —como también la que tiene lugar en la «conversación en el Espíritu»— muestra la utilidad de no centrar la voz eclesial exclusivamente en la «explicación» y la «solución» de los problemas, que suelen casi siempre asociarse al ejercicio masculino del poder. Ante los problemas, muchos hombres consideran que pueden (y deben) hacerse con el control de la situación, pensando haberla entendido bien, y proporcionar claras líneas de actuación para todos (hombres y mujeres). Ahora bien, sin negar el valor de la decisión a la hora de lograr los objetivos, ni de la necesidad de racionalidad en los pasos que conducen a ellos, hemos de reconocer que la edificación de la comunidad requiere una *maduración paciente:* solo así puede dar fruto duradero. Por otra parte, la idea de que una sola persona, en este caso el *líder,* sea capaz de comprender un problema en su totalidad, es absurda; de ahí que sea conveniente adoptar la norma de escuchar con atención las necesidades de los diferentes sujetos eclesiales. Esto «obliga» a darse cuenta de que todos son necesarios, y conduce a dejarse «perturbar» y «contaminar» abriéndose a las perspectivas de los demás, que iluminan ese «rincón sombrío» que la mirada de uno solo, por su limitación, no logra explorar.

3. La masculinidad kenótica

La segunda indicación que queremos ofrecer está relacionada con la ayuda que los sacerdotes pueden pedir a las mujeres y recibir de ellas, especialmente de amigas, para sanar una manera «tóxica» de entender la masculinidad.

3.1. Comprensibles resistencias masculinas al cambio

La modernidad y, dentro de ella, las diversas oleadas de feminismo han puesto en radical tela de juicio la configuración sociocultural que durante milenios caracterizó a Occidente, en especial el sistema de relaciones entre sexos que contribuyeron a definir términos como «androcentrismo», «patriarcado» y «hegemonía masculina». Dicho sistema considera a los hombres como una humanidad paradigmática, que domina sobre las mujeres (a quienes considera un complemento, no iguales) y que detenta un poder indiscutible sobre quienes están sometidos a ellos —entre quienes se cuentan otros hombres— y sobre la estructura. Por lo que concierne a esta afirmación, las mujeres occidentales han iniciado y perseguido *procesos inéditos de emancipación,* en todos los ámbitos: el sistema patriarcal ya no subsiste hoy. Mejor: no encuentra ya legitimación institucional y cultural, pero hay que reconocer que su lógica no ha desaparecido, aunque le cueste más trabajo manifestarse. Frente a esta revolución muchos *hombres han entrado en crisis,* viendo cómo está amenazada su hegemonía, pero también su identidad (sexual), que se había hecho coincidir con la afirmación de su «potencia viril». Algunos, intimidados, se retiran de la relación, y la viven a la sombra de las mujeres; otros, nostálgicos, perciben un profundo malestar, incuban resentimiento y tratan de restablecer la situación precedente (la frustración que se produce cuando fracasan en esta anacrónica tarea conduce a veces a la violencia, incluso brutal); mientras que otros están dispuestos a dejarse interpelar por los cambios y a buscar modelos más adecuados de masculinidad y de relación con las mujeres. El elemento crítico tiene que ver con la definición de *identidad masculina como poder dominante* o, más exactamente, con el hecho de que incluso en la «fluidez» del contexto actual, los varones tienen que construir su identidad en la confrontación-lucha con este tipo de imperativo. Porque lo cierto es que las más diversas actividades de los hombres se conciben sobre la base de la *libido dominandi,* es decir, de la tendencia de los varones a perseguir su afirmación como sujetos que «valen si prevalecen», si son más poderosos y eficientes que los demás y si, con ese fin, aprenden a no dejar traslucir su vulnerabilidad[32].

Con esta problemática, la Iglesia se ha confrontado desde siempre, desde el momento en que la novedad revolucionaria introducida por Jesucristo —su masculinidad era «kenótica», se abajaba para servir y no aplastaba a su adversario— ha tenido que relacionarse enseguida con el contexto de la época. En esto el cristianismo ha penetrado en la lógica de las relaciones escatológicas (la filiación divina se expresa en la fraternidad y abole la jerarquía), pero sin llegar a alterar para siempre las estructuras patriarcales. Estas estructuras aún están presentes en la Iglesia (y también en el mundo) y se manifiestan de diversas formas, y una de las más sintomáticas es la concepción de la identidad masculina de los ministros ordenados en términos estrictamente vinculados, o incluso *conformes, a su papel clerical.* Un papel que se manifiesta en la administración del poder, en la asunción de responsabilidad, en la toma pública de la palabra, y que se caracteriza por la autorreferencialidad y la presión de la necesidad de *performance.* Pero, sobre todo, un

---

[32] Cf Simona Segoloni Ruta, *Gesù, maschile singolare*, EDB, Boloña 2020, pp. 7-22.

papel estrechamente conectado a la función *sacral*. De ahí que la cuestión de la identidad (sexual) de los sacerdotes esté acompañada de una comprensión problemática del poder sacerdotal, exaltada de un modo desconocido para la tradición antigua, y de la sacralización de quienes la detentan, a quienes se percibe como separados del resto del pueblo. En realidad, está claro que en la configuración comunitaria de la Iglesia sobrevive una dicotomía entre los miembros del clero y los fieles laicos y, por otro lado, no se puede considerar que se haya extinguido la mentalidad que concibe la ordenación (presbiteral y episcopal) no como una gracia derramada sobre unos cuantos escogidos en la Iglesia para el servicio de todos los fieles, sino como algo que «incrementa» la gracia bautismal común, lo que sitúa a los miembros del clero en una cierta posición de *superioridad*[33]. Una estructura así, ¿podría no influir en la configuración de la identidad de un presbítero, en especial durante el tiempo de su formación? De ahí la invitación a revisitar la teología

---

[33] La sorprendente actitud de obediencia de los feligreses a sus sacerdotes, la sumisión de algunos laicos y su comportamiento servil (podemos pensar en frases como «Reza tú, que estás más cerca de Dios, que tienes la línea directa» o «Tú eres el cura, yo soy solo un laico»), y también las actitudes y palabras clericales que ensalzan la diferencia ontológica, la altísima dignidad sacerdotal, el sacerdote como *alter Christus*, son señal de la persistencia del problema. Lo más grave de esta mentalidad clerical-sagrada es que pone en duda que el fundamento común de la identidad, la dignidad y la santidad —es decir, el nombre de hija o hijo de Dios que cada uno ha recibido en el bautismo— sea el don más elevado, e insinúa la idea de que algunos privilegiados, es decir, los presbíteros, reciben una especie de dignidad superior y un «impulso adicional» para la santidad.

del ministerio ordenado centrándola por completo en el servicio ministerial y abandonando la insistencia en una «identidad sacerdotal» hipertrófica, distinta o, peor aún, separada de la bautismal.

Por tanto, se sobreentiende —pero es importante señalarlo— que el motivo fundamental del cambio que hemos mencionado, es decir, del abandono de la lógica patriarcal, clerical o sacral, no es la reivindicación de una «cuota rosa» o de la adaptación a las exigencias democráticas, sino la *radical adhesión al Evangelio*. Por otro lado, solo esto último —que hace dos mil años tomó forma en el revolucionario estilo relacional de la Iglesia primitiva— puede conferir todavía hoy la fuerza necesaria para desestructurar el sistema, liberándolo de las injusticias que lo integran, y para reconfigurarlo, precisamente, sobre esa base, en una época más favorable, que se mueve en la dirección de la igualdad entre mujeres y hombres.

3.2. La ayuda de las mujeres (amigas) para «sentir» la masculinidad de Jesús como buena noticia

Lo cierto es que todo esto es muy desestabilizador, sobre todo, para los varones: *es tan exigente que da miedo*. Y ese es el tema. Porque por una parte es inevitable apoyar el llamamiento a la reestructuración eclesial, pero, por otra parte, se deben tomar seriamente en consideración los miedos no confesados de los hombres que producen su resistencia profundamente arraigada a un cambio que no solo afectaría a la descripción de su papel, sino la forma misma en que se ven a sí mismos como hombres. Muchos se sienten agitados, desorientados, debilitados: y por eso «se arman». ¿Acaso no es un síntoma de debilidad el hecho de que, para afirmarse, alguien necesite recurrir a una señal, material o inmaterial, de que está «por encima» de los demás, de que es más poderoso que ellos? Si este diagnóstico es correcto, es urgente mostrar que el reto que acabamos de mencionar representa, más allá de las angustiosas apariencias, *una oportunidad muy propicia también para los hombres* (*sacerdotes*), y puede ser acogido como un don inédito del Espíritu, la «sorpresa» que tiene para ellos (junto a las mujeres, claro) en este milenio. Lo cierto es que la posibilidad y la necesidad de un cambio en las relaciones entre hombres y mujeres —pero también (o, sobre todo) entre clero y laicos: se entiende la conexión que hay entre ambas dinámicas— puede recibirse como la señal providencial con la que el amor divino les invita a entablar las relaciones «idílicas» que ha ideado para ellos, en lugar de como una mordaz recriminación o como un requerimiento urgente. Los hombres (en la Iglesia) necesitan sentir que el Señor les está llamando a una ardua transformación —dada la disconformidad de todo machismo patriarcal con el estilo evangélico—, pero no los está mirando con ira, o decepción o desprecio, como quizá teman, visto el tono de las recriminaciones y la gravedad de las críticas de las que son objeto, sino abriéndoles un camino beneficioso. Jesucristo ha mirado siempre y a todos con amor inquebrantable, y cuando lo que pedía exigía una renuncia o desprendimiento doloroso era para *dar una alegría cien veces mayor*[34]. Su disposición irrevocable es la única realidad que puede proporcionar a los hombres el valor de abandonar sus supuestas riquezas, precisamente porque ofrece a cambio la riqueza definitiva e irrefutable.

En este sentido, la analogía entre la situación de los hombres (del clero) en la Iglesia católica y la del hombre (joven) rico que narran los evangelistas Marco y Mateo son significativas. Estas páginas sugieren también una manera de proceder: en lo referente al modo poco preciso de entender y vivir la masculinidad, se trata, en primer lugar, de inculcar la duda de que se trata de una *riqueza que nos entristece* (*cf. Mc 10,22; Mt 19,22*)[35]. Porque, aunque el machismo patriarcal parece ofrecer todavía a los hombres ciertas prerrogativas caracterizadas por la superioridad, el control, la toma de decisiones y la dominación, en realidad es

---

[34] Cf Mt 19,29 y par.

[35] «¿Hasta qué punto la *presunción de superioridad* cuenta todavía con credibilidad a nuestros ojos y cuánto hemos pagado por asumir un papel de poder con un sufrimiento que ha marcado nuestras vidas? ¿Cuánto ha oscilado nuestra *sexualidad,* abrumada por una idea de dominio, entre el deseo de hacer un buen papel, la posesión y el miedo a la impotencia, impidiéndonos escuchar nuestro cuerpo? ¿Hasta qué punto la afirmación de un rol masculino ha forzado nuestras vidas a una relación con la *función reproductiva* como lugar exclusivo de identidad, a una socialización entre hombres desprovista de intimidad y constreñida entre la competición y el gregarismo? ¿Hasta qué punto la *paternidad,* reducida a una función de disciplina, protección y control, ha reducido la experiencia relacional con nuestros hijos y la ternura de esta experiencia?» (STEFANO CICCONE, «Dal potere allá libertà», en *Il Regno-Attualità* 1 [2015] 62 [cursivas nuestras]).

algo que perjudica su relación con las mujeres, y les priva de la parte más profunda de sí mismos, de la maravilla de una relación igualitaria, por no hablar de las dinámicas parentales, fraternas y de colaboración entre hombres y mujeres. En cambio, quienes aceptan la llamada amorosa de Cristo a liberarse de las riquezas compartiéndolas y siguiéndole *(cf Mc 10,21)* acceden a otro estilo de relaciones.

Pero para reconocer esta mirada de Jesús —y aquí está el segundo y decisivo pasaje— son indispensables las relaciones que *sean rasgos sensibles y creíbles*. Para convencer a los hombres para que «bajen del pedestal» —sin esperar que se precipiten estrepitosamente o que se mantengan en equilibrio inestable (o en peligro) en él— se necesitan personas capaces de encarnar la mirada amorosa y transformadora que Jesús dirigió a aquel joven rico, como dice Marcos con una fuerza abrumadora *(cf Mc 10,21)*. Consideramos que entre las personas más adecuadas para hacerlo están precisamente las amigas del sacerdote y, en un sentido más extenso, las mujeres a las que ellos acogen y respetan como interlocutoras iguales, sin etiquetarlas como reivindicadoras molestas por «sus» combates, o como amenazantes competidoras porque son muchas, convencidas y capaces, o como peligrosas seductoras, porque la atracción se interpreta exclusivamente como algo que hay que temer y de lo que hay que huir. Por tanto, el «carisma» de la amistad entre sacerdotes y mujeres puede asumir hoy un particular valor de sanación, de triunfo sobre los miedos y de antídoto contra la lógica de la dominación. Porque una amiga reconoce a su amigo sacerdote el derecho de ser simplemente lo que es: hijo amado de Dios, hermano en humanidad[36].

Se ha constatado algo —que tiene una gran importancia psicológica, pero se ha pasado por alto— que permite ahondar en la dinámica que acabamos de mencionar: los ministros ordenados en la Iglesia no tienen una mujer «por encima» de ellos, no están nunca en una posición jerárquica inferior respecto a una mujer (con excepción de los pocos y aislados casos de secretarias y subsecretarias en los Dicasterios vaticanos). Por el contrario, una amiga está, por definición, al mismo nivel que ellos, es más, a veces tienen que saber someterse a ellas, y esto les ayuda a entrar en una dinámica relacional equilibrada, como ocurre en tantas familias de hoy (no en todas, lamentablemente), y a abandonar todo rastro de la lógica del «yo valgo si prevalezco» y asumiendo la evangélica del «yo valgo, luego valoro». En este sentido, los sacerdotes

---

[36] Pero esta visión positiva, que puede y quiere caldear el corazón, no debe pecar de ingenua: no todos los sacerdotes han sido educados para adoptar este estilo relacional. Lo cierto es que no basta con que consideren conveniente la relación de amistad con las mujeres: tienen que acceder a ella después de haber sometido a crítica su manera de asumir su masculinidad y su relación con las mujeres, que aún está impregnada —y a menudo ellos no lo saben— del machismo sistemático que todavía subsiste y que apenas se percibe. Porque hay necesidad de amistad entre sacerdotes y mujeres, pero si quienes practican el arte de esta relación son personas que no han sido formadas, la experiencia no puede más que acabar mal: en el mejor de los casos, con el enorme sufrimiento de la mujer, que se queda frustrada por haber ofrecido su amistad e intimidad a quien no es capaz de acogerla, y que en el peor de los casos lo ha hecho con abusos.

comparten con los hombres de hoy, especialmente los hombres enamorados, una gracia propia de este tiempo de emancipación, y cuentan con una oportunidad que en algunos aspectos es inédita: *amar a las mujeres verdaderamente como iguales.* Y no es que en su magnánima condescendencia las consideren como iguales —pero sabiendo que todo el poder está incuestionablemente en sus manos—, sino que la sociedad y la Iglesia colocan a unos y a otras en una situación real de igualdad. Vivir así entre hombres y mujeres —sin que ellos se sitúen por encima de ellas (ni como dominadores ni como protectores)— es llevar a cabo el sueño del Creador que recoge el Génesis (*cf Gén 2,18*).

En conclusión, creemos que para estimular la responsabilidad de los sacerdotes por el camino de la sinodalidad es indispensable *unir a la voz del Bautista la mirada de Jesús,* combinando la merecida advertencia con la inmerecida misericordia. Porque a los hombres les viene bien la frustración, pero ha de ser una frustración adecuada: no debe humillarlos hasta deprimirlos, sino hacerles sentir verdadero remordimiento, para que cada uno pueda optar libremente por abajarse. No basta con la recriminación (la voz profética que fustiga y advierte contra peligros) ni con la aversión al mal (el horror ante las terribles consecuencias de los abusos de poder): es esencial el gozo por el bien. Porque solo el amor fundamenta y sostiene la obligación moral, que, sin amor, quedaría además reducida a un impulso más o menos voluntario pero que está destinado a extinguirse. En otras palabras, no basta con estigmatizar los errores del pasado, no basta con reiterar la necesidad de transitar más decididamente por los caminos de la justicia de género que ya se han emprendido: hay que permitir que los sacerdotes disfruten de la belleza de unas relaciones plenas e igualitarias con las mujeres, hay que permitir que la amen de verdad, para que dejen de temerlas y/o de someterlas e incluso violentarlas.

4. La oportunidad de la profecía

La tercera indicación radica en el intento por dar impulso y apoyo a la transformación en las relaciones eclesiales entre hombres y mujeres y entre clérigos y laicos. Una transformación que, en cierto sentido, ya ha comenzado, pero que quizá —en la época de transición sin precedentes que estamos viviendo— requiere un particular gesto por parte de nosotros, los ministros ordenados, para marcar una transición que tenga éxito. Este gesto debe manifestar una auténtica cercanía al pueblo de Dios, para aliviar las heridas que han afectado a la confianza en la institución. En particular sería provechoso a nivel eclesial e ilustrativo a ojos del mundo (que persigue la igualdad de los sexos profesándola *de iure,* pero perpetuando *de facto* las lógicas masculinas) un gesto de desprendimiento, de abajamiento. Es decir, no estridente, sino inequívocamente orientado en sentido «kenótico» y penitencial, en el sentido de la disponibilidad efectiva a la conversión. Un gesto mediante el cual reconocer que no podemos reclamar un puesto en el banquete cuyo ambiente hemos alterado más o menos conscientemente al tratar de ocupar sus primeros puestos (*cf 14,7-11*), sino que solo podemos recibirlo. Un gesto que exprese la humilde petición y deseo de sentarnos, con nuestros hermanos y hermanas, en el banquete en el que no somos los principales invitados, sino los pobres de la historia; en la mesa a la que no somos nosotros quienes invitan, sino el que invita es el Señor; a la mesa que no vamos a decorar nosotros, sino la Sabiduría.

Es evidente que ha habido, y hay, obispos y sacerdotes dedicados al servicio —más allá de toda retórica— que ejercen su poder y su autoridad precisamente siguiendo esta lógica; pero el manifiesto desequilibrio entre clero y laicos (sobre todo mujeres) exige una reforma que afecte también al plano estructural[37]:

---

[37] Los laicos no deben permanecer siempre en una posición inferior o aparecer únicamente si quien está en las posiciones superiores se lo permite: en una Iglesia sinodal también los sacerdotes y los obispos, e incluso el Papa, en algunos momentos, están en una posición de aprender, es decir, no están siempre en posición de enseñanza y de autoridad. Dado que el cambio que se espera en esta dirección es trascendental, la estructura, las prácticas establecidas y las normas deben ser convincentes para poder llevarlo a cabo. En este sentido, es necesario un gran liderazgo sinodal de la Iglesia, en el que las decisiones tomadas por los órganos colegiados compartidos sean aquellas a las que luego todos de verdad se sometan. Necesitamos contextos —empezando por las vanguardias experimentales— en los que la escucha sea «obligada», es decir, contextos en los que la dinámica sinodal se lleve realmente a la práctica. Para alcanzar este objetivo —conviene repetirlo con especial referencia a las mujeres— son imprescindibles normas que obliguen a considerarlas como sujetos de pleno derecho, de modo que, si algunos todavía no las consideraban así por propia convicción, encuentren al menos en las normas un estímulo para hacerlo. Las

no basta con apelar a la conciencia de las personas, aunque siga siendo indispensable. En este sentido percibíamos la urgencia de expresar —mediante un gesto concreto de *kénosis*— el deseo y la voluntad de conversión más allá del reconocimiento y la estima fraterna hacia quienes ahora van a compartir la mesa. Este gesto, al que deberían adherirse los ministros ordenados, ha de ser comprensible por todos los cristianos, mejor aún, por todo el mundo.

Así pues, adelantamos, de puntillas, una propuesta: podrá parecer absurda y descabellada, pero quizá señale también un elemento sensible de la problemática y pueda proponer un estilo. La propuesta parte de la siguiente constatación: el hábito de los religiosos sigue provocando aún cierta simpatía y confianza, pero el de los obispos y sacerdotes —en especial cuando llevan la vestimenta completa (no entramos aquí en el debate sobre los paramentos litúrgicos)— produce cierto temor e incomodidad. El traje talar, en particular, pone marcadamente de relieve una separación, una distancia y un papel diferente respecto al resto del pueblo de Dios, y, por motivos históricos, hace que se perciba sobre todo la dimensión de superioridad jerárquica (mientras que el similar mensaje de «diferencia» que transmite el hábito religioso destaca principalmente el aspecto profético y escatológico). Sin embargo, el hecho de que los ministros ordenados vistan de una

---

normas deberían concernir, entre otras cosas, al uso del lenguaje inclusivo, la práctica de los nombramientos, la variedad de ministerios y la disciplina de los órganos colegiados de consulta, discernimiento y toma de decisiones.

determinada manera no responde a una ley divina, por tanto, podrían introducirse algunos cambios; pero lo que de verdad —en el eventual debate sobre el tema— tendría una importancia decisiva sería la forma de hacerlo. Porque sería determinante asumir que la última palabra sobre cómo vestirse no corresponde a los ministros ordenados, sino que podría permitirse que el pueblo de Dios opinara y, sobre todo, que se aceptara su opinión. *¿No sería particularmente significativo y simbólicamente poderoso preguntar al pueblo de Dios cómo cree que es útil y cómo quiere que vistan sus ministros?*[38]. En general se observa el elevado valor simbólico del hábito, que afecta a la dimensión de la relación con los demás, la manera en que se deja ver y encontrar. En este sentido, la parábola de Jesús en

---

[38] Siguiendo el ejemplo de los sirvientes, que visten del color de la persona a la que sirven; y el de los miembros de la familia, que se dejan aconsejar, en especial por la pareja («¿Qué me pongo?», o «¿Voy bien así?»); incluso como los niños, que se dejan vestir por sus padres. Sin embargo, hay que tener en cuenta que el pueblo de Dios, debido a la educación recibida por parte del clero, ha interiorizado la superioridad y la lejanía de este. Por ello, posiblemente muchos manifiesten el deseo de que los sacerdotes vistan siempre con sotana. Para que el pueblo pudiera ofrecer una opinión libre de prejuicios, tendría que estar acostumbrado a considerarse como iguales a los ministros ordenados, pero la estructura eclesial no ha fomentado esta dinámica: todavía en la actualidad hay muchos laicos que luchan por considerarse y ser considerados como sujetos eclesiales plenamente adultos. De modo que, si se entendiese que una prenda de vestir, como la sotana, no tiene razón evangélica de ser y que se percibe como un signo que separa al pueblo de Dios de quienes ocupan un cargo clerical (identificado internamente con colores, que varían según los distintos grados jerárquicos), ni siquiera habría necesidad de preguntar a la gente: habría que descartar simple y llanamente esa prenda.

el Sermón de la montaña interpela a los discípulos de todos los tiempos con la invitación a no preocuparse ni por la comida —poniendo a los cuervos como ejemplo— ni por el vestido —poniendo como ejemplo a los lirios del campo— (cf Mt 6,25-34). Los lirios dejan que sea el Padre quien los vista, en toda su sencillez, y no se preocupan por reafirmar su dignidad —que es una realidad que precede al vestido que la representa— en su relación con quien los ve, ni se cubren con capas que los protejan del contacto con los demás ni con insignias que hagan brillan su distinción a los ojos de todos. Y el Padre los viste de manera más gloriosa que a Salomón.

Suponemos que el discurso sobre el hábito eclesial está aún muy lejos; aquí es importante destacar que la opción de dejarse orientar por el pueblo de Dios acerca de cómo vestir para servirle podría ser una verdadera señal de escucha, de docilidad, de humildad. Más allá de la materialidad de esta propuesta —que encontraría muchas oposiciones y obtendría respuestas muy diferentes según las zonas geográficas—, merece la pena al menos *considerar su esencia*. Porque sería conveniente preguntar a los cristianos para saber cómo les gustaría que se comportasen sus ministros ordenados en una zona determinada y, en cualquier caso, es determinante que los ministros cuenten con contextos y ocasiones para dejarse observar, criticar y corregir, evitando mantenerse siempre en una posición de fuerza, en particular con respecto a las mujeres.

MARÍA Y LAS DEMÁS.
DISCÍPULAS Y MISTAGOGAS

Linda Pocher FMA

El informe resumido de la primera sesión del Sínodo de los obispos afirma que «María de Nazaret, mujer de fe y madre de Dios, sigue siendo para todos una extraordinaria fuente de significado desde el punto de vista teológico, eclesial y espiritual» (9e). La manera en que está formulado el concepto permite superar el obstáculo balthasariano del «principio mariano», sobre el que se ha basado hasta ahora el magisterio eclesial en su intento de encontrar respuesta a las reclamaciones planteadas por las mujeres en el último siglo. En realidad hay una gran diferencia entre las imágenes que suscita el término «principio» y las que suscita el término «fuente»: por un lado, una deducción descendiente, a partir de una realidad conceptual y atemporal, de indicaciones normativas para la vida; por otro lado, la posibilidad de extraer sentido e inspiración a una realidad viva, manantial, que siempre se renueva.

Sin embargo, cuando se trata de María, se corre el riesgo de seguir interpretando su figura solo a través de las lentes que utiliza la tradición, por ejemplo, la que considera a María principalmente como virgen y madre, modelo, respectivamente, de las mujeres solteras o consagradas o de las que optan por la vida de familia. De este riesgo era ya consciente Pablo VI cuando, en el número 34 de *Marialis cultus,* invitaba a teólogos y pastores a renovar el imaginario mariano entrelazando los datos escriturísticos con las contribuciones de las ciencias humanas y las expectativas de las mujeres y hombres de hoy.

Sin duda, la maternidad y la virginidad son dos elementos importantes en la experiencia de vida y de fe de María. Pero los estudios bíblicos y teológicos de los últimos cincuenta años nos permiten volver a la Escritura con una mirada renovada. El evangelio de la infancia de Lucas y el relato joánico de las bodas de Caná, en particular, dejan vislumbrar otros rasgos de María, como su condición de discípula y mistagoga, que pueden realmente iluminar, desde el punto de vista teológico, eclesial y espiritual, la experiencia de todos en la Iglesia: hombres y mujeres, laicos, sacerdotes y personas consagradas.

Quizá haya quien considere que la interpretación que voy a proponer sobre algunos versículos muy conocidos de la Escritura está alejada de la interpretación tradicional, muy difundida en la catequesis y en la predicación de la Iglesia. No es mi intención, sin embargo, sustituir o contraponer el fruto de estudios recientes a lo recibido de la tradición. Pero, si bien es cierto que la verdad no se parece a una esfera, sino más bien a un poliedro, es posible acercar las diversas sensibilidades e interpretaciones, tal como ocurre con un poliedro, que se caracteriza, entre otras cosas, por la imposibilidad de mostrar todas sus caras al mismo tiempo al ojo humano.

Aceptar que diferentes interpretaciones de la Escritura son también posibles al mismo tiempo devuelve su complejidad a la experiencia de fe que subyace a la redacción del texto sagrado y la hace así mucho más real y cercana a la nuestra.

1. «Bendita entre las mujeres»: las mujeres en la comunidad de Lucas

1.1. A la luz de la Pascua

Como hemos observado, los relatos de la infancia «son, fundamentalmente, textos pascuales: representan, sin duda, una introducción, un preludio al Evangelio, pero, en general, son expresión de la teología y cristología del Nuevo Testamento»[39]. La realidad mesiánico-divina de Jesús se presenta de una manera clara y definida, hasta tal punto que los dos primeros capítulos de Lucas están más cercanos al libro de los Hechos, donde se proclama abiertamente que Jesús es el Señor, que al resto del evangelio, donde su identidad va revelándose lentamente.

Asimismo, los relatos de la infancia comparten con las apariciones pascuales la escenografía apocalíptica, caracterizada por las apariciones de ángeles y revelaciones del cielo. El episodio de la adoración de los

---

[39] ALBERTO VALENTINI, *Vangelo d' infanzia secondo Luca. Riletture pasquali delle origini di Gesù*, EDB, Bolonia 2017, p. 9.

pastores, por ejemplo, se desarrolla según la dinámica testimonial típica de los relatos pascuales. A través de ello, «el evangelista nos presenta una imagen elevada e ideal de la primera comunidad cristiana»[40], que, a la luz de la resurrección del Señor, comienza a interrogarse por el misterio de su encarnación y descubre el papel «que tuvieron María y José con respecto al niño»[41].

Por lo tanto, si bien el evangelio de la infancia de Lucas nos habla, entre líneas, de la vida y la fe en las comunidades primitivas, pueden identificarse también entre sus páginas algunos indicios referentes al modo en que vivían la integración de hombres y mujeres en un único cuerpo eclesial, según la palabra de Pablo a los Gálatas: «No hay judío ni griego, no hay esclavo ni libre, no hay hombre ni mujer, pues todos vosotros sois uno en Cristo Jesús» (*Gál 3,28*). Para ello dirigiremos nuestra atención de manera particular al episodio de la visitación, donde las protagonistas indiscutibles son precisamente dos mujeres.

Sin embargo, para una buena hermenéutica del texto es necesario tener presente no solo la luz pascual que ilumina la narración de los acontecimientos, sino también la relación de los evangelios de la infancia con el resto del evangelio y con toda la obra lucana, en el sentido de que «no solo la teología, sino

---

[40] BENEDETTO PRETE, «*Oggi vi è nato... il Salvatore che è il Cristo Signore» (Lc 2,11)*, en *Rivista Biblica* 34 (1986, p.) 325.
[41] ARISTIDE SERRA, *Maria nelle sacre Scritture. Testi e commenti in riferimento all'incarnazione e alla risurrezione del Signore*, Servitium, Milán 2016, p. 85.

también el lenguaje, el estilo y la propia personalidad de Lucas se reflejan —según la sugerente imagen de Schürmann—, "en esta prehistoria contemplativa y serena"»[42].

1.2. ¿Discípulas o «acompañantes»?

En lo que respecta al tema de la participación de las mujeres en el grupo discipular en particular, la crítica femenina ha puesto de relevancia el hecho de que en la comunidad de Lucas «la reivindicación de las mujeres para participar en la evangelización debió presentar, en cierto modo, un problema eclesial»[43]. Porque mientras Marcos establece un vínculo manifiesto entre el papel de las mujeres galileas y la teología del discipulado (*Mc 15,40*), Lucas, a partir de esa misma tradición, opta por presentar a las mujeres en el seguimiento de Jesús como acompañantes acaudaladas que asisten al Maestro y a los suyos con sus bienes, más que como discípulas iguales a los varones (*Lc 8,1-3; 23,49*).

Pero cuando en el resumen que precede a la escena de Pentecostés Lucas presenta la composición de la primera comunidad cristiana, dentro del grupo de las mujeres, que, a diferencia de los apóstoles, son

---

[42] Alberto Valentini, *Vangelo d'infanzia secondo Luca, o.c.*, p. 9.

[43] Marinella Perroni, *Discepole di Gesù*, en Adriana Valerio (dir.), *Donne e Bibbia. Storia ed esegesi*, EDB, Bolonia 2006, p. 207. De esta misma autora puede verse también, con mayor profundidad, *Discípulas, pero no apóstoles. La obra de Lucas*, en Mercedes Navarro Puerto - Marinella Perroni (dirs.), *Los evangelios, narraciones e historia*, Verbo Divino, Estella 2011, pp. 181-222.

anónimas, María es la única a la que se llama por su nombre (cf He 1,14). Esto nos lleva a pensar que el evangelista le reconoce cierta autoridad dentro de la comunidad apostólica, que el lector atento del primer volumen de su obra no dudará en relacionar con los acontecimientos extraordinarios de los que fue protagonista en los evangelios de la infancia[44].

Paradójicamente, mientras la contribución de las mujeres parece minimizarse en los relatos del ministerio público de Jesús, en los evangelios de la infancia el protagonismo femenino es indiscutible.

1.3. Mujeres entre las mujeres

Lo cierto es que, desde el principio, el evangelista nos invita a dejar el lugar reservado por excelencia a los varones —el Santo de los Santos del templo, donde el sacerdote Zacarías se ve reducido al silencio— y a encaminarnos a una casa en las afueras donde escuchar a una joven que conversa cara a cara con un mensajero de Dios. Después de haber recibido el anuncio, además, María parte sola, apresuradamente, en dirección a Jerusalén, anticipando el viaje definitivo del Maestro hacia su destino de muerte y gloria. En las cercanías de la Ciudad —Ein Karem se encuentra a tan solo ocho kilómetros del templo— se reúne con otra mujer, Isabel, que, mientras su marido permanece en silencio, ocupa por

---

[44] Cf BENEDETTO PRETE, «Il sommario di Atti 1,13-14 e suo apporto per la conoscenza della Chiesa delle origini», en Sacra Doctrina 18 (1973), pp. 98-108.

completo la escena. Entre tanto, el otro marido, José, está prácticamente olvidado[45].

Así, nos encontramos ante el «protagonismo de dos mujeres que, llenas de Espíritu profético, con voces alternas e inspiradas proclaman el cumplimiento de la salvación en Cristo Señor»[46]. La relación que entablan entre ellas es compleja y no puede reducirse al gesto de servicio de una joven llena de atenciones hacia su prima, más anciana. Porque María parte, en primer lugar, para ir a ver el signo que le ha anunciado el mensajero divino en apoyo de su fe, como ocurre normalmente en los relatos bíblicos de una vocación. Al mismo tiempo lleva consigo el misterio de una extraordinaria intervención de Dios en su vida: lleva en el vientre el inicio de la nueva creación, anticipo y signo de la resurrección de Cristo, de la que el lector es ya partícipe en virtud de la fe y del bautismo (*cf Rom 4,17*)[47].

Al entrar en casa de Isabel, María se encuentra precedida por la acción del Espíritu, igual que los discípulos de Emaús, que, regresando a Jerusalén, piensan anunciar al Resucitado y se ven precedidos por su venida. «Llena del Espíritu Santo», Isabel bendice a María, a su hijo y su fe. Las palabras que le

---

[45] Ya Efrén el Sirio había comprendido que la encarnación transforma los equilibrios en relaciones de género: «la mujer sirve a su marido, que es su cabeza. / Se levantó José para servir a su Señor, que estaba en María» (EFRÉN EL SIRIO, *Himnos de Navidad y Epifanía,* San Pablo, Madrid 2016 [edición digital]).

[46] ALBERTO VALENTINI, *Vangelo d'infanzia secondo Luca, o.c.,* p. 132.

[47] LINDA POCHER, *Dalla terra alla madre. Per una teologia del grembo materno,* EDB, Bolonia 2021, pp. 110-112.

atribuye Lucas recuerdan a las que se dedican a Yael y a Judit, «mujeres famosas en la historia de Israel que ayudaron a liberar del peligro al pueblo de Dios»[48]. María se siente confirmada en la fe y reconocida por su prima en su identidad más profunda, que no alude simplemente a su condición de madre, sino más bien al hecho de que es colaboradora de Dios para la salvación del pueblo. Y ser consciente de esto enciende la chispa que hace que prorrumpa en alabanzas.

Lo que se observa con indudable claridad en la interacción entre María e Isabel es, por tanto, «la capacidad de interpretar la palabra de Dios para las demás mujeres»[49]. La escena de la visitación es, por eso, una escena de Pentecostés. Es la prueba de que en Pentecostés también las mujeres, al igual que los Doce, recibieron el Espíritu que las hizo capaces de profetizar: las hizo pasar de discípulas a apóstoles, misioneras, mistagogas, capaces de hacer entrar a unas y a otros en la acogida del Espíritu y en el encuentro con el Resucitado. Por otra parte, el profeta Joel, a quien Pedro cita en su discurso de Pentecostés, ya lo había profetizado (*Jl 3,1-2; He 2,17-18*). También las hijas de Israel, jóvenes y ancianas, profetizaron, y lo hicieron, hasta hoy día, ante el pueblo de Dios a la escucha del hecho narrado, aunque este hecho se desarrolla —según la reconstrucción del evangelista— entre las paredes del hogar.

---

[48] ELIZABETH JOHNSON, *Truly our sister. A theology of Mary in the communion of the saints,* Continuum, Nueva York 2003, p. 262. (Ed. esp.: *Verdadera hermana nuestra. Teología de María en la comunión de los santos,* Herder, Barcelona ²2003).
[49] Ib.

Así pues, la expresión «bendita entre las mujeres» más que exaltar el carácter único de María podría indicar también su conexión con todas las demás que, en virtud de su encuentro con Cristo, son como ella, y, al igual que ella, benditas. En la primera comunidad cristiana reunida en Jerusalén, en el Cenáculo, María podría haber sido una de las personalidades más influyentes, y el canto del *Magníficat* —que hoy todos los expertos coinciden en reconocer como el canto de resurrección propio de la oración de las primeras comunidades cristianas— quizá estuviera muy difundido en el grupo de las mujeres y posiblemente fuera compuesto por una o varias de ellas, y posteriormente incorporado por Lucas en el encuentro de la dos mujeres, proponiéndolo así a sus lectores como icono y síntesis de su presencia y acción en la comunidad eclesial.

1.4. El modelo del reparto de los espacios y las tareas

Así pues, si desplazamos nuestra atención de los acontecimientos narrados a las comunidades que, de alguna manera, las forjaron como destinatarias principales del evangelista, podremos observar que entre ellas había mujeres que compartían plenamente la dignidad y las funciones de sus hermanos varones. Es una realidad que, ya confirmó Pablo, que al finalizar su Carta a los Romanos (*Rom 16*) nombra a varias de ellas: Febe, diácono y responsable de la misión en Céncreas; Junia, apóstol conocida y estimada ya antes que él; Prisca, que participó en su misión apostólica junto con su marido,

Áquila; María, Trifena, Trifosa y Pérside, que servían como apóstoles en la comunidad de Roma.

¿Cómo explicar entonces la reticencia de Lucas a la hora de conceder más explícitamente al grupo de mujeres que seguían a Jesús desde Galilea el mismo estatus que el de los discípulos varones? Quizá, más que de reticencia se podría hablar de una cierta ambigüedad —que, por otro lado, también observamos en Pablo (*cf 1Cor 14,34-35*)—, que entra en abierto contraste en el pasaje de la vida itinerante de las primeras comunidades estructuradas y, sobre todo, de Jerusalén al resto del mundo[50].

La tensión que surgió dentro de la comunidad al entrar en contacto con entornos que rechazaban o ridiculizaban la presencia de mujeres en el espacio público podría haber conducido a Lucas a desear una rigurosa división de ámbitos y competencias según el sexo, en la que las mujeres podían servir a la comunidad poniendo a disposición de todos sus propios bienes materiales, mientras el intercambio de bienes espirituales, es decir, la posibilidad de ser misioneras y mistagogas, solo se les permitía ante otras mujeres. «La Iglesia primitiva se aseguraba así, en esa época, la respetabilidad necesaria para poder crecer»[51].

---

[50] Cf ADRIANA DESTRO - MAURO PESCE, *Dentro y fuera de las casas. Transformaciones en el papel de las mujeres desde el movimiento de Jesús hasta las primeras iglesias,* en MERCEDES NAVARRO PUERTO - MARINELLA PERRONI (dirs.), *Los evangelios, narraciones e historia, o.c.,* pp. 307-328.

[51] HERVÉ LEGRAND, «*Donne e ministero. La vera questione*», en *Il Regno – Attualità* 16 (2020), p. 456.

2. «Y sus discípulos creyeron en él»: las mujeres en la comunidad de Juan

2.1. Una tradición diferente

Se sabe que en el evangelio de Juan, a partir de la experiencia única de vida itinerante en el seguimiento del Maestro que culminó en su Pascua de muerte y resurrección, a lo largo de dos o quizá tres generaciones de creyentes, se desarrolló una tradición autónoma y diferente respecto a la que recogen los sinópticos. Pero, al igual que los sinópticos, también Juan, al recordar y meditar sobre los acontecimientos vividos por Jesús y sus coetáneos, esboza el retrato de la comunidad cristiana dentro de la cual esos recuerdos y esas meditaciones se pusieron por escrito.

A diferencia de los sinópticos, el cuarto evangelio presenta narraciones más desarrolladas y tiende a esbozar sus personajes masculinos y femeninos con mayor profundidad y complejidad. En el círculo de los discípulos hay presentes tanto mujeres como hombres: «Junto a las particularidades de cada uno, hay elementos comunes que superan las determinaciones de género. Todos debaten (en sentido amplio) con Jesús cuestiones teológicas, en el centro de las cuales está sobre todo la correcta comprensión de su persona. Mujeres y hombres confiesan su fe en él, llevan a otros hacia Jesús y participan así activamente en el anuncio»[52].

---

[52] JUDITH HARTENSTEIN, «Personajes masculinos y femeninos en el evangelio de Juan. Perspectivas de género», en MERCEDES NAVARRO PUERTO - MARINELLA PERRONI (dirs.), *Los evangelios, narraciones e historia, o.c.,* 455-468.

Juan, al igual que Marcos, no transmite ningún recuerdo de la vida oculta del Señor, y comienza su evangelio con el testimonio de Juan el Bautista. A pesar de ello, la primera mujer que entra en escena en su evangelio es precisamente la madre de Jesús. Su figura se presenta ante el lector al término de la denominada «semana inaugural», que culmina en el milagro de Caná, que anticipa y sintetiza el significado y la finalidad de la misión del hijo que se cumplirá en su glorificación, que él mismo invita a los lectores a contemplar a través de la referencia al misterio de la «hora».

2.2. El signo de las bodas

Por tanto, el relato de Caná, al igual que el de la visitación, puede interpretarse a partir de la experiencia de la comunidad pospascual. El primer indicio de que esta es la clave que también el evangelista tenía en mente se encuentra precisamente al comienzo de la perícopa, en la mención del «tercer día»: el día de la resurrección, precisamente[53]. Además, la celebración de las bodas recuerda al tema del banquete escatológico y al tema bíblico del cambio de rumbo —que también encontramos en el *Magníficat*—, cuando el fracaso del banquete se transforma en una superabundancia de bendiciones. El agua de las tinajas para la purificación transfigurada en vino nuevo recuerda el pasaje ya cumplido en la primera comunidad cristiana: de

---

[53] Cf ARISTIDE SERRA, *Le nozze di Cana (Gv 2,1-12). Incidenze cristologico-mariane del primo «segno» di Gesù*, EMP, Padua 2009, pp. 161-170.

los ritos antiguos hasta el único sacrificio del único cordero, que ha quebrantado de una vez para siempre la esclavitud mortal del pecado.

Si el comienzo de la perícopa remite directamente al lector a la Pascua, su conclusión (*Jn 2, 12*), que presenta la primera formación de la comunidad de los discípulos en el seguimiento de Jesús junto a su madre y sus hermanos, revela la intención exquisitamente eclesiológica del autor. Por otro lado, conviene destacar que los grupos de los que se compone esta comunidad primitiva coinciden con los que señala Lucas en el sumario que precede al relato de Pentecostés. Una diferencia importante radica en el hecho de que las mujeres no figuran como un grupo propio —¿quizá estuvieran incluidas entre los discípulos, sin más explicaciones?— y que no se llama por su nombre a la madre de Jesús. Una de las particularidades del cuarto evangelio, además, es precisamente que a María no se la llama por su nombre. El término «madre» y «mujer», preferidos por el evangelista, sugieren la interpretación de su figura como un icono de la nueva comunidad nacida en la Pascua y del papel mistagógico de los creyentes en relación a los que se acercaban a ella con el deseo de ver y conocer quién era Jesús. Pero el gran peso simbólico atribuido a esta figura no excluye en lo más mínimo la posibilidad de que haya sido modelado precisamente por lo que percibieron y vivieron los discípulos respecto a la presencia y la acción de María dentro de la comunidad apostólica, tal como sugiere también Lucas en los Hechos de los Apóstoles. Además, el cuarto evangelio habla de una relación especialmente íntima y prolongada en el tiempo, a partir de Pascua, entre su principal testigo —el misterioso discípulo amado— y la madre del Señor[54].

Por lo que respecta a la caracterización de María, el relato de las bodas de Caná pone particularmente de relieve su atención al momento concreto de la existencia y a su capacidad para intervenir de manera decisiva pero discreta, tejiendo relaciones y abriendo espacios en los que cada uno de los miembros de la comunidad pueda encontrarse con el Señor y aprender a ponerse al servicio del prójimo[55]. La reflexión feminista reconoce en ella a una mujer que sabe romper las expectativas de la feminidad idealizada: «Lejos de callar, habla; lejos de ser pasiva, actúa; lejos de ser receptiva ante los ojos del varón, va en contra de sus deseos, acabando por ponerlo de su parte; lejos de provocar una situación desagradable, se hace cargo de ella, organizando las cosas para obtener un favor a quien lo necesitaba, incluida ella misma. Sus palabras tienen tono profético; lamenta lo que ocurre y al mismo tiempo anuncia una esperanza»[56].

La relación entre madre e hijo tampoco se presenta de manera idealizada. María se muestra, ante todo, capaz de estar cara a cara ante Jesús, que no es ya un niño necesitado de protección y cuidado, sino un hombre adulto e independiente. Él, por su parte, al llamarla «mujer» la coloca al mismo nivel que los demás discípulos, algo

---

[54] Walther Binni, *La Chiesa nel Quarto Vangelo*, EDB, Bolonia 2006, pp. 163-172.

[55] Cf Carlo Maria Martini, *La donna della riconciliazione*, Piemme, Casale Monferrato (Alessandria) 1995, pp. 10-11.

[56] Elizabeth Johnson, *Truly our sister, o.c.,* p. 290.

que el cuarto evangelio nos hará saber enseguida. Con ese mismo término el Resucitado se dirigirá a María Magdalena en el jardín del sepulcro. María, además, recibe la señal gracias a su fe, es decir, por el hecho de que es discípula, y no por el supuesto privilegio u obligación por parte de Jesús en nombre de una piedad filial.

La palabra que dirige a los siervos es, en realidad, una invitación a la fe, que suscita adhesión en virtud del testimonio. Y es este testimonio el que permite a los nuevos discípulos acceder a la comunidad de los creyentes en Jesús. Sin dejar de ser la madre, pero aceptando que la relación con su hijo se transfigura del mismo modo que el agua se convierte en vino, María se une como discípula ejemplar entre los demás discípulos a la compañía de sus hermanas: «la samaritana, Marta de Betania, María de Betania, María Magdalena, y un gran número de otras mujeres, recordadas y olvidadas, reconocidas por el amor y el testimonio apostólico que han dado de Cristo»[57]. Discípula y mistagoga, pero no ella sola, sino junto a otras y otros que formaban la comunidad. «Después fue a Cafarnaún con su madre, sus hermanos y sus discípulos; pero estuvieron allí solo unos días» (*Jn 2,12*).

2.3. *Jesús y las mujeres*

Por tanto, aunque es cierto que Juan presenta con la misma atención y el mismo cuidado a los personajes

---

[57] Ib., p. 293.

masculinos y femeninos, esto no significa que no sea posible identificar algunas características comunes a las discípulas de Jesús. La primera consiste en una modalidad específica de acceso a la persona de Cristo, que es la *via pulchritudinis:* «El impacto de la cristofanía sobre la experiencia de las protagonistas se describe en clave visual, que es precisamente el punto de unión entre la experiencia discipular y el marco esponsal de los encuentros»[58]. Es decir, las mujeres del cuarto evangelio experimentan una fascinación por Jesús y se ven atraídas hacia su persona, pero Jesús nunca se sirve de esto para retenerlas, con lo que se revela como un hombre que, al mismo tiempo, no es ni tímido ni violento, y es capaz de una serena valoración, de amistad y de respeto, en abierto contraste con lo que hoy denominamos patriarcado y sus prejuicios[59].

En los encuentros con las mujeres que describe Juan, la fe es una dinámica de reconocimiento mutuo: Juan reconoce la dignidad de las mujeres, el deseo de plenitud y comunión espiritual y la disponibilidad para la misión de las mujeres, y al mismo tiempo ellas reconocen y proclaman a Jesús como su Maestro y Señor (*Jn 20,16*)[60]. El espacio que se crea así dentro de las relaciones permite que

---

[58] Salvatore Panzarella, *Il Maestro Sposo. La cristologia delle donne nel Vangelo di Giovanni*, Cittadella, Asís 2020, p. 201.

[59] Cf Simona Segoloni Ruta, *Gesù, maschile singolare*, EDB, Bolonia 2020.

[60] Cfr. Roberto Vignolo, *«Egli si mostrò ad essi vivo dopo la sua passione* (At 1,3)», en Ermes Ronchi (dir.), *I racconti di Pasqua*, Paoline, Milán 2008, p. 68

Jesús les revele abiertamente su identidad, algo que, en Juan, solo tendrá lugar con la samaritana y con Marta (*Jn 4,26; 11,25*). A cambio del acceso a su intimidad, Jesús recibe de las mujeres una fidelidad que las lleva hasta arriesgar su propia vida y su capacidad de permanecer con él incluso en el momento más duro, cuando está en el umbral entre la vida y la muerte, cuando la mayoría de los varones, asustados, huyen.

La segunda característica consiste en el hecho de que el encuentro con el Señor las anima a salir de sus roles típicamente femeninos: por lo que sabemos, la samaritana no regulariza su situación matrimonial, y se convierte en intrépida proclamadora del Evangelio[61]; María de Betania, figura introvertida y silenciosa, «con el gesto de la unción realiza una acción simbólica que tiene carácter profético. A diferencia de lo que ocurre en Cant 3,4, a María Magdalena no se le permite arrojarse a los brazos de su recién encontrado amado, pero recibe un anuncio y lo transmite. En cuanto a Marta, su historia comienza con el debate teológico y con su confesión de fe, mientras en el segundo relato tiene un papel secundario […], pero el término "servir" *(diakoneo)* podría indicar una tarea mucho más importante»[62].

---

[61] María José Delgado, «La mujer de Samaría y el judío Jesús», en Nuria Calduch Benages (coord.), *Las mujeres del Evangelio*, PPC, Madrid 2018, pp. 91-98.

[62] Judith Hartenstein, «Personajes masculinos y femeninos en el evangelio de Juan. Perspectivas de género», *o.c.*

2.4. El modelo del reparto de responsabilidades y tareas

Así pues, el evangelio de Juan, en comparación con el de Lucas, ofrece testimonio de la decisión de una comunidad para vivir y anunciar juntos, hombres y mujeres, la fe en Jesucristo, sin discrepancias sobre las diferentes esferas ni apropiación de tareas. Pero esto no significa que la coexistencia de hombres y mujeres en la Iglesia joánica no fuese fuente de tensiones intra o extraeclesiales. De estas tensiones da testimonio el propio evangelio, cuando narra el asombro de los discípulos al descubrir que Jesús está hablando con una mujer en el pozo de Jacob (*Jn 4,27*) o cuando recoge el desacuerdo de Judas ante el gesto de la unción en Betania (*Jn 12,4-5*).

En resumen, no quiere decir «que se considere normal un debate teológico entre Jesús y las mujeres ni su actividad como misioneras. Puede que el evangelio de Juan quisiera fomentar la idea de una fraternidad/ sororidad entre los discípulos en su relación común con Jesús como alternativa a una comunidad estructurada jerárquicamente. Pero es evidente que para el evangelista esta igualdad masculina/femenina es concebible y deseable»[63].

3. El único *kerigma* en el poliedro de las comunidades de ayer y de hoy

Desde el punto de vista estrictamente histórico, la presencia de las mujeres entre los discípulos itinerantes

---

[63] Ib.

contemporáneos de Jesús está constatada en los evangelios, y los estudios más recientes la consideran verosímil. Pero probablemente no se trataba de jóvenes solteras, sino de mujeres adultas, libres de obligaciones familiares: quizá fueran viudas con hijos adultos; o mujeres casadas que tenían hijos ya mayores —o que no habían tenido hijos— y cuyos maridos les permitían salir de casa; o, quizá, podía tratarse de los dos miembros de un matrimonio que, juntos, seguían a Jesús.

Es muy probable que en un primer momento la experiencia de discipulado que se vivía implicara una igualdad real y una comunión de vida con discípulos varones que, posteriormente, con el paso del tiempo y la gradual institucionalización de la Iglesia, diera paso a formas de convivencia consideradas más «respetables» en el entorno social y cultural en el que se formaban y crecían las comunidades —cada vez más estables—.

Desde el punto de vista teológico la gran novedad cristiana, la verdadera novedad cristiana, que la Iglesia sigue proclamando en fidelidad a la tradición apostólica es el *kerigma* de la muerte y resurrección de Cristo. Es la posibilidad de acceder, por medio de la fe, a la resurrección del Señor, que nos hace libres porque ahuyenta al fantasma del miedo y de la muerte (*cf 1Cor 15,54-57; Rom 8,31-38*). Para las mujeres cristianas, desde el primer momento, la libertad de los hijos e hijas de Dios ha asumido un cariz particular, porque si la muerte ha sido vencida para siempre, entonces el matrimonio y la procreación no son ya un mandamiento, una obligación que, con su carga de trabajo a todos los niveles, impida acceder a otros tipos de presencia en el mundo, tanto en el hogar como en la sociedad (*cf 1Cor 7,34*).

Si la maternidad deja de ser una obligación y pasa a ser una posibilidad, una opción, ya no hay diferencia entre hombre y mujer, y ambos son uno en Cristo Jesús. Es a partir de esta buena noticia desde donde ha de entenderse la expansión de la consagración virginal en la Iglesia antigua, que se hizo posible también para las personas bautizadas después del matrimonio, porque no concernía a las condiciones físicas del cuerpo, sino a la decisión de ponerse completamente al servicio del Reino, como Cristo.

Por eso, en las comunidades de los resucitados con Cristo las mujeres no reciben el nombre de bienaventuradas porque hayan dado a luz. Y tampoco se las llama bienaventuradas porque hayan conservado su virginidad. Son bienaventuradas porque han creído, ofreciendo así su cuerpo y su corazón a Dios para que pueda realizar grandes cosas en ellas y a través de ellas (*cf Lc 11,27-28*).

La comunidad de Lucas y la comunidad de Juan, con esfuerzo y discernimiento, a la escucha de las tensiones internas de la propia Iglesia y ante la tradición y la cultura, han sabido idear formas diferentes, pero igualmente capaces, de anunciar al mundo esta novedad. Si no hubiese sido así, no habríamos podido conocerla, no habría llegado a nosotros en absoluto y no podríamos, por tanto, estar hoy aquí hablando de ella y reflexionando sobre ella (*cf Rom 10,14-15*).

Es evidente que tareas de este tipo no se agotan de una vez para siempre. Seguir escuchando la buena noticia y encontrar la manera o las formas eclesiales más adecuadas para que hoy pueda seguir anunciándose es lo que la Iglesia, con esfuerzo, está tratando de hacer a través del proceso sinodal. Aunque las soluciones identificadas no pueden ser más que parciales e imperfectas, precisamente esta incompletitud y esta imperfección es lo que deja abierta la puerta al futuro, a la noticia de Dios, a la contribución que los creyentes, hombres y mujeres, están y estarán llamados a dar, de generación en generación.

Lucia Vantini

Nacida en Verona en 1972, laica casada y madre de un hijo y dos hijas, obtuvo su doctorado en Filosofía en la Universidad de Verona y su doctorado en Teología en la Facultad de Teología de Triveneto (Padua). Es profesora de Teología fundamental, Filosofía de las religiones y Filosofía del conocimiento en el Instituto de Ciencias Religiosas de Verona; de Antropología filosófica y teológica en el Estudio Teológico San Zeno de Verona, y de Filosofía del diálogo en el Instituto de Estudios ecuménicos San Bernardino de Venecia.

Su investigación gira en torno a las relaciones entre la filosofía y la teología contemporáneas, a través de un enfoque interdisciplinar, con una particular sensibilidad por el pensamiento filosófico de la diferencia sexual y por los estudios teológicos de género.

Presidenta del Coordinamento Teologhe Italiane (Coordinación de Teólogas italianas), es miembro de la Comunidad filosófica Diotima, del comité científico de la Fundación Lanza para el ámbito de la «Ética, filosofía y teología» del grupo de investigación «Salvar la fraternidad. Juntos», de la Academia Pontificia para la Vida.

Es autora de numerosas publicaciones en revistas y en obras colectivas. Entre sus monografías: *Il Sé esposto. Teologia e neuroscienze in chiave fenomenologica* (2017), *La fenomenologia nella settima stanza. Gerda Walther ed Edith Stein* (2019), *Il segreto dell'alba. Storie e parole di rinascita* (2020), *Educazione. Parole per capire, ascoltare, capirsi* (2022).

Luca Castiglioni

Nacido en Legnano en 1981, es sacerdote en la diócesis de Milán desde 2007. Licenciado en Teología Fundamental por la Pontificia Universidad Gregoriana de Roma y doctor en Teología por las Facultés jésuites de Paris (Centro Sèvres), desde 2015 es profesor de Teología Fundamental en el Seminario de Milán, donde reside como educador, y en diversos cursos teológicos para el gran público en general.

Es vicario parroquial de la comunidad pastoral de Sant'Eusebio (Varese), con especial atención a la pastoral juvenil y al acompañamiento espiritual. Consejero de los Équipes Notre-Dame y asistente del camino diocesano para los novios *Nati per amare*, es colaborador habitual en la formación permanente del clero.

Es miembro de la Asociación Teológica Italiana y miembro ordinario del Coordinamento Teologhe Italiane (Coordinación de Teólogas italianas).

En 2020 se publicó en Francia su monografía *Filles et fils de Dieu. Égalité baptismale et différence sexuelle*, París 2020, traducida posteriormente al italiano con el título *Figlie e figli di Dio. Uguaglianza battesimale e differenza sessuale.* Es coautor de diversas obras, como *A porte chiuse. La presenza del Risorto al tempo del Coronavirus* (2021); *I luoghi e la Parola. Itinerario spirituale in Terra Santa* (2022); *Il Dio che si rivela in Gesù Cristo. Introduzione al mistero di Dio* (2023). Colabora con diferentes revistas, en particular con *La Scuola Cattolica.*

Linda Pocher

Nació en Udine en 1980, es Hija de María Auxiliadora desde el año 2003. Graduada en Filosofía por la Universidad de Trieste, se licenció y se doctoró en Teología dogmática en la Pontificia Universidad Gregoriana de Roma. Actualmente es profesora de Cristología y Mariología en la Pontificia Facultad de Educación Auxilium de Roma, donde coordina la Escuela de Ecología Integral «Custodi del Giardino».

Es miembro de la Asociación Teológica Italiana, miembro del Consejo de la Pontificia Academia Mariana Internacional y del Comitato scientifico Joint Diploma in Ecología Integrale promovido por la red de Universidades y Facultades Pontificias de Roma.

Ha trabajado en pastoral juvenil y familiar en diversas localidades de Italia. Actualmente colabora con la Ciofs-escuela FMA para la formación espiritual de los profesores de todos los niveles académicos de las Hijas de María Auxiliadora en Italia. También se dedica a la formación en la vida religiosa, a la predicación de ejercicios espirituales y al acompañamiento espiritual de jóvenes y adultos, en colaboración con diversas instituciones nacionales e internacionales.

En el año 2011 publicó *Dalla terra alla madre. Per una teologia del grembo materno*; en 2023 publicó, en Paoline, la obra *Immagini di Maria, immagini della donna. Cinema e mariologia in dialogo*.

Índice

FRANCISCO Y LAS MUJERES

Enzo Romeo - 200 páginas

Se presenta un aspecto que aún que-
daba «por explorar» de la persona del
papa Francisco, un tema delicado e importante: el de la relación de Francisco
con las mujeres y el papel que el Papa
defiende para ellas en la comunidad
cristiana y en la sociedad.

MIRÓFORAS

Mariola López Villanueva - 95 páginas

Las miróforas eran las mujeres que, en
la mañana de Pascua, portaban la mirra
para embalsamar el cuerpo de Jesús. En
nuestro tiempo también existen mujeres
que cuidan a los crucificados, que están
presentes en los lugares más insospecha-
dos, donde preferiríamos no acudir.